W0356434

UN PSY
À VOS CÔTÉS

#lisez! engagé
Pour plus d'information :
www.lisez.com
Imprimé sur du papier issu de forêts gérées durablement.

© Éditions First, un département d'Édi8, Paris, 2025.

Le Code de la propriété intellectuelle interdit les copies ou reproductions destinées à une utilisation collective. Toute représentation ou reproduction intégrale ou partielle faite par quelque procédé que ce soit, sans le consentement de l'Auteur ou de ses ayants cause est illicite et constitue une contrefaçon sanctionnée par les articles L. 335-2 et suivants du Code de la propriété intellectuelle.

ISBN : 978-2-412-10150-6
Code éditeur : S10150
Dépôt légal : mai 2025
Imprimé en France en avril 2025 par Normandie Roto Impression s.a.s. (2501117)

Correction : Ségolène Estrangin
Mise en pages : Istria

Éditions First, un département d'Édi8
92, avenue de France
75013 Paris
France
Tél : 01 44 16 09 00
Fax : 01 44 16 09 01
Email : firstinfo@efirst.com
Site Internet : www.editionsfirst.fr

Xavier Mathieu

UN PSY À VOS CÔTÉS

F1RST
ÉDITIONS

À Niels, Gaëlle, Romane et Maxence…
Puisse la douceur que j'apprends à m'accorder
sur le chemin dont il est question dans
ce livre m'offrir de vous donner
de plus en plus d'amour

La vraie liberté est dans la possibilité joyeuse et douce d'être banalement qui nous sommes.

AVANT-PROPOS

Pourquoi ce livre ?

Nous cherchons tous à aller mieux, à ne plus nous cogner aux mêmes murs et à encore s'y blesser, à être plus apaisés et heureux. Certains d'entre nous veulent simplement que leur souffrance cesse, s'accepter, s'aimer sans trop savoir comment. D'autres veulent avancer, s'améliorer. D'autres encore visent la sagesse ou même l'éveil.

Les pistes sont nombreuses, entre thérapie, développement personnel et spiritualité. Elles sont parfois confuses et il peut être difficile de s'y retrouver.

Pourtant si les trajectoires sont multiples, le nord, l'île, la terre ferme devraient être un peu assurés, un peu solides. On devrait savoir où l'on va. Sinon on peut sans aucun doute faire des ronds dans l'eau un moment.

Pour naviguer dans ces eaux troubles du soi il nous faut une boussole pour nous diriger, des repères, une carte. Je vous en propose une ici, issue de mon expérience et de celle de mes patients, de ce que la psychothérapie mais aussi les traditions spirituelles nous apprennent. C'est l'objet de ce petit livre qui se veut compagnon.

L'idée en est très simple, c'est un chemin. Il s'agit d'accueillir pas à pas, avec douceur, ce qui émerge en nous ou qui est déjà là et qui vient de notre enfance ou de nos traumas, de notre parcours, de nos expériences tout simplement, pour prendre acte complètement que la personne que nous sommes va telle qu'elle est et qu'il n'y a rien à changer.

Il s'agit d'accueillir une consolation qui nous libère de nos conditionnements pour l'opposer à la blessure et au rejet de nous-mêmes. Ce livre aurait pu s'appeler *le chemin de la douceur.*

C'est une boussole, une simple proposition même si elle me paraît précieuse. Vous n'y prendrez, bien sûr, que ce qui fait sens pour vous. N'y voyez donc pas de position de surplomb. La vie, la vôtre, reste le seul guide valable. Et puis, s'il y a quand même quelque chose à prendre dans cette conversation, à aucun moment je n'oublie que, de la même manière que l'on enseigne ce que l'on a besoin d'apprendre, je suis concerné au plus près par ce que je vous livre ici.

C'est donc aussi à moi que je parle. De la douceur, d'améliorer la relation avec moi, de faire de moi un ami soutenant, j'en ai bien entendu besoin aussi et, de toute façon, ça n'est jamais fini.

Cette proposition vous pourrez vous en servir, je l'espère, pour vous orienter vous-même dans votre élan à aller mieux ou comme tremplin pour aller vers un thérapeute.

Un chemin

Ce chemin doux dont il sera question dans ces pages ne nous demande pas de changer mais nous indique une voie pour cette acceptation qui libère et, loin de nous restreindre à une résignation, nous ouvre à tous les possibles. Il laisse d'ailleurs d'abord la place à ne rien accepter ce qui est, pour la plupart d'entre nous, notre posture première, spontanée.

Ce chemin suppose la rencontre de notre vulnérabilité plutôt que sa négation. Et la bonne nouvelle c'est que, pour cela, il n'y a pas à changer mais juste à s'ouvrir. Quand on est d'accord pour être touché, vulnérable, inquiet, alors rien n'est plus dangereux et toutes les danses, toutes les propositions du monde deviennent possibles.

Il passe, ce chemin, par les émotions avec lesquelles nous entretenons un rapport pour le moins ambivalent. Pourtant, par leur simple présence, elles nous indiquent nos blessures et nous donnent, en même temps, l'occasion de nous accueillir et de nous apaiser. Évidemment il sera question d'abord d'accepter qu'elles aussi nous ne les acceptons pas.

C'est ça le chemin de la douceur. Il y est simplement question de dire oui, y compris à nos refus. Un oui tendre, concerné, non jugeant, sans plus résister. Il s'agit en fait de laisser être ce qui est, de se rencontrer avec curiosité, de se prendre tel quel avec tendresse et d'arrêter, simplement, de vouloir se changer.

Chaque émotion, chaque rencontre, chaque événement est une occasion réitérée de tendre des bras chaleureux à ce qui se passe en nous pour l'embrasser, d'enfin se détendre. Et chaque fois nous avons le droit d'échouer, d'autant plus que l'occasion d'après est déjà là. C'est un apprentissage lent mais dans lequel chaque pas est un soulagement. Et, parmi ces expériences innombrables, ce qui est difficile et qui revient chez nous est, en fait, une occasion de nous aimer là où nous en avons le plus besoin, à l'endroit de nos blessures fondamentales, là où nous sommes le plus fragiles. Quand nous pourrons nous aimer là où nous nous rejetons le plus alors nous serons libres et en paix, complètement.

En nous consolant quand nous souffrons au lieu de nous attaquer nous regagnons pas à pas notre liberté, comme un enfant qui après avoir été entendu et rassuré peut retourner jouer. Plus encore, c'est ce mouvement doux qui nous dégage de la répétition puisque c'est notre crispation elle-même qui convie cette répétition. Nous y reviendrons, c'est la crainte qui crée le danger. Quand on a pu se consoler le monde se réouvre doucement comme un champ libre, toujours nouveau.

C'est à partir de là que nous pourrons revenir à ce que la vie a de miraculeux et qui s'éprouve simplement, dans le corps, dans le ressenti et dans une forme de spiritualité très simple.

Au programme donc curiosité, lenteur, douceur, comme une auto-thérapie, comme un antidote aux injonctions de performance et de changement, qui sont sociétales certes mais qui sont avant tout les nôtres.

Curiosité, lenteur, douceur, encore et encore.

Puisse ce petit livre participer à la chaleur du lien que vous entretenez avec vous-mêmes.

Mode d'emploi

J'ai choisi quelques repères, des balises, celles que nous rencontrons tous : la famille, les émotions, le couple, le trauma et le deuil, notre identité genrée, la spiritualité. Et puis nous verrons aussi comment la thérapie est un chemin pour le thérapeute autant que pour le patient, une randonnée commune en quelque sorte. Enfin je vous donnerai quelques propositions pratiques pour vous guider sur ce chemin.

Il y a donc des thèmes mais il s'agit, vous le verrez, toujours de la même chose : comment ce qui survient pourrait être bienvenu, accueilli, embrassé et comment c'est de cette posture même que naît l'apaisement. Vous pouvez lire en continu ou aller directement là où vous êtes appelé, peu importe, ce sont des invitations.

J'ai illustré ces repères qui seront autant d'occasions de décliner cette proposition par des séances issues de mon activité de thérapeute. Ce sont, pour la plupart, des premières rencontres. Les prénoms, bien sûr, ont été modifiés, les récits ont été anonymisés. Chacun des patients concernés a donné son accord et cela a même fait partie de notre cheminement ensemble.

Vous allez vous identifier à ces patients qui nous ressemblent c'est inévitable. Ce sera plus ou moins évident selon les cas même si, au final, vous verrez que tout vous concerne. Vous y trouverez donc, là où ça résonne, des miroirs, des petits cailloux, des pistes peut-être, pour vous.

Les séances sont commentées et, après chacune, il y a une page intitulée « Et vous ? ». J'y ai glissé une question ou deux pour que vous puissiez regarder mieux, si vous le voulez, ce qui vous touche et parle donc de vous. Et peut-être entrevoir ou consolider ces pistes.

J'espère qu'en me suivant à travers ces histoires humaines vous trouverez des espaces d'autothérapie, des voies pour vous approcher de vous ou l'élan, malgré la peur, de vous offrir le précieux cadeau d'un accompagnement. On y va ?

TABLE DES MATIÈRES

QU'EST-CE QU'UNE THÉRAPIE ?

Puisque mon propos est illustré de séances de thérapie il faut sans doute en dire quelques mots d'autant plus qu'on y trouve justement ce que nous avons à faire, avec de l'aide, donc d'un thérapeute ou de nous à nous.

Chaque thérapie est unique mais il y a des ingrédients récurrents. Si vous lisez ce livre c'est que cela vous est familier ou que vous en avez au moins une idée. Vous savez donc que dans ce processus il sera question de nous connaître, d'accepter que nous sommes seulement ce que nous sommes, de retrouver notre liberté d'action et de trouver ou créer un endroit où nous correspondons assez bien à l'environnement pour nous asseoir un peu à l'aise et profiter des possibles.

C'est simple, bien entendu, uniquement sur le papier et dans ce parcours accepter est sans doute la partie la plus délicate, la plus difficile, parce que, entre nous, nous voulons tous être quelqu'un d'autre que qui nous sommes non ?

Le « travail » du thérapeute commence donc toujours d'abord par s'affilier. Il faut s'allier, en tant qu'humain, que semblable, en posant un regard attentif, curieux et doux sur la souffrance et les limites de celui qui vient, ce regard dont il sera question tout au long du livre, celui que nous avons à construire de nous à nous.

Accueillir ce qui est vécu comme acceptable et légitime, c'est accueillir celui qui le raconte comme acceptable et légitime. C'est le premier pas. Il s'agit de prendre l'autre comme il est avec ce qu'il vit puisque, bien entendu et comme nous, toutes ses difficultés sont des réactions à ses blessures.

L'idée c'est qu'il s'appuie sur un regard plus étayant que le sien. C'est lui faire faire, en réalité, une expérience d'attachement correctrice. Il va pouvoir prendre appui sur nous pour modifier son regard et intérioriser un abord plus soutenant de lui-même.

Donc d'abord on accueille – et c'est déjà thérapeutique en soi – et, ensuite il va falloir convaincre les gens de ne pas changer. Et ça, c'est une autre affaire. C'est paradoxal mais, en vérité, c'est bien en arrêtant de vouloir changer qu'un mouvement peut s'opérer.

Nous pensons qu'il y a des choses à corriger chez nous et nous venons voir des thérapeutes pour ça, pour être réparés. Nous venons voir un garagiste de la psyché parce que nous pensons que qui nous sommes est problématique, que ça ne va pas du tout, qu'il y a sans doute beaucoup à transformer pour être présentables. Nous ne voyons pas que, s'il faut se dépêcher de changer parce que nous serions impropres ou inadéquats, alors c'est nous que nous avons nié au passage, c'est nous que nous rejetons.

Le problème, pourtant, ce ne sont pas les peurs avec lesquelles les patients arrivent, leurs failles mais le lien qu'ils ont avec elles. Le lien qu'ils ont avec elles n'est rien de moins que le lien qu'ils ont avec eux-mêmes puisqu'il s'agit bien de parts d'eux. Arrêter de vouloir changer, en nous décrispant va en fait créer l'espace pour que tout bouge parce qu'on ne change rien qu'on n'ait d'abord accepté.

En plus de proposer au patient ce retournement contre intuitif, le « travail » consiste parallèlement, à voir dans ce qui est vécu aujourd'hui et qui l'amène ce qui est une redite d'hier, une redite des schémas relationnels de l'enfance.

Ces allers-retours entre hier et aujourd'hui sont importants parce que comprendre est le premier pas de l'acceptation. Lorsque l'on comprend la répétition les comportements ne sont plus vus comme des dysfonctionnements mais comme des réactions normales à des vécus douloureux. Et accepter change tout.

C'est dans l'acceptation en effet qu'un mouvement se fait. Le champ s'élargit, la personnalité du patient respire, se détend et on va alors pouvoir lui proposer d'essayer d'autres choses dans le laboratoire permanent des répétitions qu'est sa vie, comme la nôtre, comme la vôtre.

Les freins vont apparaître alors et c'est ça qu'il restera à explorer. Bien sûr on vient voir un psy avec une demande de transformation mais laisser derrière nos limites, déconstruire nos schémas nous terrorise. On vient en disant « Je veux du changement mais surtout ne touchons à rien » parce qu'être plus libre nous fait peur. En acceptant tendrement cette résistance on peut voir ces frontières, les embrasser même et, en les aimant, les assouplir encore pour trouver vraiment notre liberté.

Finalement le paradoxe qui nous échappe au cœur de ce chemin, et dont l'ignorance crée tant de difficultés et de souffrance, c'est que c'est l'acceptation totale de nos limites et de nos désirs qui dissout les murs. Si nous pouvons être complètement qui nous sommes et même être tout à fait banals en nous accompagnant avec chaleur plutôt que de tenter à tout prix de devenir, si nous avons le droit total d'échouer, alors tout est possible.

Globalement la trame est toujours celle-ci, qu'elle qu'en soit la couleur : voir, accepter, ouvrir, se frotter aux freins qui se lèvent alors, et ouvrir encore.

LA FAMILLE, LE PAYS DE L'ENFANCE

Il nous faut partir avant tout de là. Parce que notre enfance, immanquablement, nous sculpte. C'est là que l'on apprend à faire avec d'autres et que l'on se modèle avec eux, au moment de notre plus grande malléabilité. On construit pas à pas, avec les adultes qui sont là et nos frères et sœurs quand nous en avons, des manières de réagir à ce que l'on vit, des réactions qui deviennent ensuite, à force de répétition, des modèles, des schémas de relations que l'on retrouve ensuite.

En dehors de rares exceptions, ces adultes font ce qu'ils peuvent avec leurs propres blessures. Peu ont des intentions malveillantes. C'est le malheur, la souffrance, qu'ils vivent ou ont vécu eux-mêmes, qui les rendent pour partie défaillants. Les gens heureux, en général, ne posent pas de problème.

Certains sont destructeurs mais, même ceux qui ne le sont pas, même ceux qui sont bienveillants ne nous aiment pas de manière inconditionnelle. Même s'ils le veulent, ils ne le peuvent pas. Ils n'ont pas été eux-mêmes aimés complètement. Ils sont donc, par leur propre réaction au manque d'amour, leurs défenses et leurs contractions, incapables de montrer un amour total.

Fondamentalement, nous sommes donc tous blessés dans l'enfance, d'un manque d'amour puisque nous aurions besoin d'un amour sans faille pour nous sentir suffisants et complets. Tout part de là. Ce sont d'ailleurs toujours ces enfants que nous avons été, ces enfants blessés et inquiets, que l'on soigne.

Du ressenti ou de la blessure originelle

Certains d'entre nous ont subi de la violence, de l'abus ou de la négligence, d'autres se sont sentis rejetés ou dénigrés. D'autres encore se sont sentis transparents, ignorés ou jamais à la hauteur, aimés parfois et puis plus assez, critiqués, comparés. Et donc même ceux qui ont reçu de l'amour ont senti qu'ils en recevaient plus ou moins selon leur comportement, leurs propos, leurs réussites ou leurs échecs, leurs attitudes ou leur sensibilité, là où ils rencontraient les attentes des adultes ou pas. Ceux-là d'ailleurs, ceux qui ont été le mieux aimés, ont souvent plus de mal à voir qu'ils ont été aussi blessés parce qu'ils mesurent leur chance et qu'ils ne veulent pas attaquer ceux qu'ils aiment alors qu'il n'est évidemment pas question d'un procès mais des ressentis enfantins. Les ressentis n'ont pas à se prouver, à être objectifs. Ils sont là. Les ignorer ou les traverser en force ne les fait pas disparaître. Bien au contraire, de ne pas être reconnus, d'avoir à être défendus, ils s'amplifient.

Notre personnalité, réaction à nos blessures émotionnelles

Face à cette blessure originelle chacun a réagi, a essayé de répondre comme il a pu. Certains ont tenté de correspondre aux attentes pour obtenir l'amour ou alors se sont rebellés pleins de la colère, de la susceptibilité liée à cette attente non remplie, à ce sentiment d'injustice ou d'échec. D'autres ont tenté de ne rien sentir ou d'être autonomes, ou encore d'attaquer ou de fuir. Chacun a eu ses stratégies, ses réactions, ses fuites, ses figements ou ses tentatives d'adaptation. C'est notre manière particulière d'avoir été blessé et d'y avoir réagi, en plus de toutes ces choses magnifiques que nous avons construites, qui constituera la trame de notre personnalité et de ce que nous allons revivre encore et encore dans la répétition. Il y a mille manières de ne pas s'être senti aimé, mille nuances dans nos fragilités.

Quoi qu'il en soit ce manque, ce « pas assez », a été douloureux, viscéralement. Alors, comme celui qui a subi une agression devient vigilant, nous allons guetter ensuite, devenus adultes face à d'autres, tout signe avant-coureur d'un nouveau déchirement. Nous allons regarder toute relation, toute situation, depuis cette blessure particulière pour s'assurer qu'il n'y aurait pas là, à nouveau, un risque de rejet, d'abandon, d'injustice, de conditionnalité, de non-amour. Nous ne voulons plus avoir mal, plus autant.

Et, bien sûr, nous allons en voir de ces signaux d'alarme que l'on guette puisque nous ne sommes pas fiables dans nos perceptions et encore moins dans les interprétations que nous en faisons, guidés par la peur. Quand on a peur on voit du danger partout. De tout petits bouts de ce qui nous inquiète, des prémisses, des indices, des interprétations hâtives, vont prendre toute la place. Quand on a eu mal on est prudent. Nous sommes donc malgré nous des scénaristes anxieux autant que des spectateurs.

À la recherche de nous-même

Personne n'a accès à l'objectivité. Nous allons interpréter parce que l'on perçoit toujours depuis nous-mêmes. Tout est subjectif. Tout est construit. Personne n'a jamais observé la réalité en dehors de lui-même. Ce que l'on cherche, on le trouve. Il s'ensuit que nous enfonçons sans cesse le clou de nos scénarios noirs là où, sans doute, autre chose aurait pu se vivre.

Nous allons retrouver dans les relations que nous vivons des échos à hier, des rappels, des goûts désagréables que nous connaissons. Ce que nous percevons et ce que nous en pensons parle en fait plus de nos filtres que d'une réalité que l'on pourrait saisir. Nous n'avons pas de souvenirs mais des récits. Nous ne faisons pas de constats, nous mettons en scène. Alors, bien sûr, nous allons nous retrouver aux mêmes endroits qui nous inquiètent. Nous allons nous sentir à nouveau rejetés, pas respectés, mis de côté, attaqués, pas pris en compte, pas aimés. Ces filtres, en fait, ce sont nos blessures.

Pire, cette position inquiète de vigie, de protection, sera justement ce qui va appeler, faire réapparaître cette même souffrance. Nous ne faisons pas qu'interpréter. Nos peurs, en relation, créent littéralement ce que l'on craint. Anticiper ce que l'on voudrait éviter est le meilleur moyen de le convoquer et de suivre encore une fois ces chemins étroits et familiers.

Prenons la peur du rejet par exemple. Elle peut nous rendre tellement étouffants, tellement en demande, toujours à vérifier que l'autre est bien là, qu'elle l'amènera petit à petit à chercher de l'air jusqu'à s'éloigner effectivement. Et si l'on vous a menti, si les adultes n'étaient pas fiables hier vous allez être vigilants à tout ce qui pourrait ressembler à des formes de mensonge, de silences même, et l'accusation continuelle de malhonnêteté va finir par mener votre partenaire à vous cacher des choses, juste pour éviter un autre débat sans fin. Ou encore votre jalousie excessive finira bien sûr par donner un charme fou à ceux qui sont plus tranquilles narcissiquement. Et ainsi de suite… Nous interprétons et nous créons. Nous sommes les artisans de nos prisons.

Ne nous en voulons pas, nous interprétons, par peur, ce que nous vivons comme des retours possibles de ce qui nous a blessé et nous y réagissons pour nous défendre selon les mêmes canevas qu'hier. Comment pourrait-il en être autrement ? Nous guettons les dangers et protégeons ces cicatrices douloureuses dans des réflexes que nous ne voyons parfois même pas. La mécanique du retour des schémas vécus est implacable tant que nous n'avons pas traversé l'émotion et que nous ne nous en sommes pas consolés, tant que notre regard est coloré de nos blessures encore ouvertes.

Ces blessures et les enfermements qu'elles ont produits, vous les trouverez facilement si vous les cherchez. Elles sont dans le récit que vous faites de votre enfance et elles sont dans vos douleurs actuelles. Elles sont là où aujourd'hui nos réactions émotionnelles nous débordent et reviennent encore et encore, là où ça s'allume, où ça flambe.

Peut-être vous sentez-vous facilement humiliés ou bien laissés de côté et pas compris, ou encore agressés, ou traités avec injustice. Et, à ça, vous opposez facilement du retrait, de l'agressivité, des tentatives de correspondre à tout prix ou encore des effondrements. Le patchwork que cela crée a des nuances infinies et singulières.

Sans doute donc, d'une manière ou d'une autre, vivez-vous aujourd'hui les mêmes sujets, les mêmes émotions que dans l'enfance avec votre partenaire, vos enfants, au travail ou avec vos amis. Sans doute y réagissez-vous de la même manière, avec les mêmes réflexes.

Vous ne voyez pas, pris par l'émotion, que vos possibles sont différents maintenant. Ils le sont. Vous pouvez modifier ces schémas à force de voir et d'essayer encore et encore, avec douceur, toujours avec le droit de ne pas y arriver et avec autant d'amour pour vous-même que vous pouvez vous en accorder. C'est de cela dont nous allons parler tout au long de ces pages.

C'est en se traitant avec amour, à chaque retour de cette blessure, que l'on s'en soigne pas à pas, comme une main posée sur une épaule peut être une reconnaissance de ce que l'on vit en même temps qu'un remède. C'est cet amour-là qui soignera la blessure de l'insuffisance d'amour, qui la cautérisera, comme un baume. C'est comme ça que l'on s'en détache, qu'on prend du champ et donc de la liberté. Une fois consolés, par nous-mêmes, nous pourrons lever les yeux et regarder autour.

S'il s'agit de voir là où l'enfance se rejoue et de traverser à nouveau avec de la tendresse pour nous-mêmes nous aurons aussi, bien sûr, à trouver une manière de faire avec notre famille. Nous aurons à trouver un juste milieu entre se laisser définir et ne plus appartenir. Nous aurons à passer de la plainte à la demande, à la définition d'un territoire sans forcément brûler les ponts (quand il n'est pas question de violence), à devenir adulte en somme. Mais pour devenir un adulte libre il faut d'abord consoler l'enfant apeuré qui le guide.

Léna, la peur du rejet ou le besoin d'être aimé

Notre besoin le plus central est d'être validé, aimé, de se sentir aimable et suffisant. Notre peur principale issue de l'enfance elle aussi, est celle d'être rejeté. Chez Léna, elle affleure, elle est à nu, dans ce regard parental dont nous dépendons tant. On voit là aussi comment ce sentiment de ne pas être aimé crée une tristesse sans fond et, en réaction, une colère telle qu'elle est censurée.

Elle a une vingtaine d'années. Elle est étudiante et vient pour des colères qu'on a du mal à imaginer tant sa voix grave est douce, sa présentation calme et souriante.

Pour que le récit soit plus clair, nous donnerons aussi un prénom à sa petite sœur, dont il sera beaucoup question. Disons Jade. Léna la grande, Jade la petite.

En fait, c'est quand Léna est alcoolisée, quand elle sort ou en rentrant des soirées où elle retrouve ses amis et où elle boit sans doute un peu trop, que ces explosions surviennent. Elle s'en prend à ses parents, elle crie et il faut parfois, au final, la contenir physiquement.

L'histoire raconte que, petite, Léna a requis du soin. Elle a fait des crises d'angoisse à partir de la naissance de Jade. Elle ne supportait pas d'être à l'école alors que sa sœur restait au domicile Elle évoque aussi une anorexie passagère. Ses parents se sont beaucoup mobilisés pour elle et Jade, en arrière-plan pendant longtemps, n'a pas fait de vagues. Pour Léna les choses sont rentrées dans l'ordre à l'adolescence.

Jade, traverse à son tour depuis quelques mois des difficultés qui mobilisent toute la famille. Elle ne supporte pas la séparation et demande une exclusivité qui ne connaît aucune nuance. Elle peut difficilement sortir du domicile et tout est sujet à crise. Elle s'en prend régulièrement à Léna qu'elle semble ne pas supporter.

L'hypothèse qui rassemble tout le monde c'est que Jade a souffert à l'époque de n'être pas vue, de disparaître derrière le souci des parents pour Léna, que d'avoir été éclipsée l'a fragilisée et qu'il s'agit ici d'un retour de bâton.

Les parents, aveuglés aujourd'hui par leur culpabilité demandent à Léna de se faire discrète à son tour, de comprendre, de ne pas prendre trop de place.

Quand un conflit éclate entre les deux filles ils demandent à Léna d'attendre dehors avant de rentrer à la maison. Ces derniers jours, à la suite d'une énième explosion de Jade, ils ont aidé Léna à chercher un appartement. La solution lui convient tant c'est devenu irrespirable mais elle est profondément blessée. Sa chambre a été vidée et les cartons faits parce que Jade veut la récupérer.

C'est d'un tango, d'une danse qu'il s'agit, un jeu de miroirs symétriques entre les deux sœurs qui, tour à tour, occupent le centre de l'attention en allant mal. Il y est question de cette quête abyssale, que nous vivons tous, d'être reconnus, aimés. D'abord des parents le plus souvent dont nous guettons l'approbation ou le rejet et la place qu'ils nous accordent par rapport à la fratrie s'il y en a une. Puis des partenaires, des amis ou des patrons parfois.

Tout est là. Nous voulons être vus, sentir de l'amour, nous imaginer aimables. Nous voulons être choisis.

J'ai vu des enfants placés pour des violences subies fuguer encore et encore de foyers ou de familles d'accueil pour aller se présenter à la porte de leurs parents et y recevoir les mêmes claques, symboliques et réelles, sans que l'espoir d'être enfin aimé ait reculé d'un centimètre, sans que la certitude de pouvoir y faire quelque chose – en étant plus, moins, autrement – ait vacillé.

Léna décrit un père plutôt perdu qui court d'un endroit à l'autre, d'une blessure, d'un conflit à l'autre pour essayer de tout combler sans prendre de position entre ses deux princesses souffrantes. Il peut lui demander de veiller à ne pas briller mais court chez elle au moindre prétexte pour ne pas avoir l'air de l'abandonner.

Le regard qu'elle porte sur sa mère est plus tranché et on peut penser que l'ampleur de son agressivité envers elle recouvre l'ampleur de sa demande d'amour. Ce qui fait que ce couple de parents ne peut être là que pour une à la fois, au chevet d'une seule, mériterait qu'on s'y attarde. Léna, elle, veut être bienvenue.

C'est tellement désarmant que je vois une toute petite fille devant moi et que c'est le petit Simba du Roi Lion qui me vient. Banni, coupable, infiniment triste. Je la vois marcher seule, contrite, s'éloignant doucement aux portes du désert, de son désert.

Elle est prise entre la grande représentation de « Je m'en vais, tout le monde sera mieux sans moi, quand ma sœur sera fille unique », l'immense colère qu'elle ressent et la non moins immense tristesse de ce qu'elle vit.

Ses émotions sont d'une intensité folle mais elles sont d'autant plus censurées qu'elles aggravent sa culpabilité. Elle ne veut pas être la mauvaise fille qui, non seulement ne comprend pas la situation de sa sœur, manque de compassion, mais qui en plus s'agace, s'hystérise et pleure. Il faut de l'alcool pour que tout se fissure, pour avoir le droit de ressentir, pour s'autoriser la colère, la révolte.

Tout est réaction à l'émotion profonde du ressenti du manque d'amour. Rationalisations, colère ou fuite ne lui servent qu'à ça, à ne pas ressentir la cruelle douleur de ne pas se sentir aimée.

Je lui dis à quel point je suis touché par sa solitude, à quel point j'imagine cette douleur de ne pas se sentir aimée, à quel point je comprends qu'elle est coincée entre sa rage et sa mélancolie. Ses yeux s'embrument.

Je vois bien que si je baisse la voix et que j'y retourne, si je répète deux ou trois fois que ça doit être difficile, si je redis, encore, qu'elle doit beaucoup souffrir, elle va s'effondrer. Je lui dis ça, ce que je vois de son émotion contenue, et on reste ensemble au bord du fleuve parce que je veux juste qu'elle effleure le courant qui est là et sa puissance. Nous y plongerons plus tard parce que c'est la seule option.

En fin de séance nous voyons ensemble si elle préfère, pour l'instant, prendre de la distance et de l'air en étant chez elle ou trouver des moyens d'exprimer ce qu'elle vit auprès de sa famille.

Elle dit qu'elle voudrait se tenir loin un moment mais c'est pour leur laisser le temps de se rendre compte de ce qui se passe, de ce qu'ils font, et qu'ils reviennent vers elle. Et dans cette réponse il y a encore cet espoir que tout change, qu'elle soit enfin vue.

Je comprends qu'elle n'a pas encore assez pleuré et crié, qu'il faudra que les émotions qu'elle fuit et qui la rattrapent soient tolérées et vécues. Il faudra qu'elles soient reconnues comme légitimes et autorisées avant de trouver l'espace de dire, cet espace où naîtrait une position qu'elle pourrait tenir et qui ne serait ni un renoncement ni une révolte.

Nous sommes tous, comme elle qui l'est de manière aiguë, au même endroit, face à notre inextinguible soif d'amour, en attente d'une reconnaissance qui nous soulagerait.

Et vous ?
Si votre colère cachait votre tristesse ?

Vous ressentez peut-être aussi parfois de la colère que vous avez du mal à contenir ou à justifier. Peut-être vous sentez-vous réactifs irritable par moments dans des relations signifiantes ?

Il s'agit d'abord ici de s'autoriser à voir, à accueillir cette colère puis, peut-être, à ressentir, à approcher la tristesse qu'elle recouvre, à sentir comment la colère n'est qu'une réaction à cette tristesse.

Si vous vous y penchez doucement, qu'y a-t-il dans cette tristesse ? S'agirait-il de la tristesse de ne pas vous sentir aimé, aimable ?

Comme Léna, pouvez-vous sentir comment toutes vos demandes sont en fait des demandes d'amour, comment toutes vos revendications sont des appels à être validé, comment tout est réaction à cette soif d'être rassuré ?

Et pouvez-vous poser sur cette inquiétude fondamentale, enfantine, un regard doux, attendri, sans jugement ?

Hélène ou le courage de ne pas correspondre

Parfois le besoin de correspondre requiert un coût exorbitant. Il peut modeler notre personnalité et diriger notre vie. Lorsque, comme Hélène, nous apercevons l'enjeu nous avons à décider si nous pouvons faire justement face au risque d'être jugé et de se sentir moins aimé pour gagner en liberté.

Elle est épuisée. Elle a toujours fait en fonction des autres. Rien que de le dire, elle a les larmes aux yeux.

Enfant, quand leur père est mort, elle s'est occupée de sa sœur plus jeune, de sa sœur et de tout le reste. Sa mère a été dure avec elle, elle survivait elle-même à sa propre douleur. Il n'y en avait, dit-elle, que pour cette sœur, plus brillante, plus couvée aussi. Ensuite ça a toujours été comme ça. Elle fait pour les autres. D'ailleurs, elle est soignante.

Aujourd'hui elle voudrait retourner vivre là où elle était avant, dans la ville où elle a tous ses amis, là où elle était partie pour un travail. Quand elle l'a perdu, elle est revenue ici pour se rapprocher de sa sœur et de sa mère. Elle voudrait repartir mais elle dit qu'elles ne le supporteront pas, qu'elles ont besoin d'elle, qu'elles la culpabiliseront et qu'elle-même se sentira trop mal pour être heureuse.

La place qu'elle a eue, qui lui a été donnée hier et qu'elle a prise, est celle qu'elle occupe aujourd'hui.

Je lui demande si elle attend de moi que je l'aide à porter sa croix, à supporter de rester là pour sa mère et sa sœur, pour rester la bonne fille, la bonne sœur, ou si elle préfère que je l'aide à partir, à se prendre en compte et à supporter la culpabilité.

Bien sûr elles vont la culpabiliser. Bien sûr elle va se sentir coupable.

Une famille est un équilibre. Quand on modifie cet équilibre, tout résiste, se braque. Si on tient le mouvement quand tout nous ramène en arrière alors chacun est amené à bouger. Le plus difficile c'est de tenir en douceur, quand il n'y a pas de violences évidemment. Elle aura à tenir en se sentant coupable pour que l'équilibre se modifie.

Si nous sommes ce que les autres attendent de nous, nous avons le sentiment de ne pas exister. Si nous nous opposons en bloc nous n'appartenons plus. Nous passons notre vie à naviguer au milieu, à tenter un entre-deux, à essayer de garder le lien, tout en étant nous-mêmes.

Quand elle vient, le choix est déjà mûr. Elle vient chercher une validation. J'ai juste à remettre ce choix à l'intérieur. Personne ne l'oblige à rien. C'est entre des bouts d'elle-même qu'elle doit arbitrer. Elle veut être libre de ses choix mais elle veut aussi être cette femme au service, généreuse, altruiste et se sentir aimée. Elle n'aura pas les deux. Changer c'est laisser notre identité, notre place.

Et puis quand on se sacrifie l'autre le paie d'une manière ou d'une autre. Si elle reste pour elles c'est au prix d'une énorme distance. Elle a donc à faire ses choix pour ne pas leur en vouloir de quelque chose qu'elle s'impose elle-même.

Nous sommes tous pris dans ces toiles et chacun de nous sait quelle place il occupe dans sa famille. Nous y avons bâti des qualités bien sûr. Elle, elle sait écouter, soutenir, aider. Mais nous nous y sommes aussi enfermés. Et si nous retrouvions notre liberté ?

Elle a déjà décidé de déménager. Elle va déménager son identité en même temps que ses meubles et elle aimera d'autant plus sa mère et sa sœur de ne plus leur en vouloir. On lit toujours, à la fin de la séance, la fatigue sur son visage mais je peux y voir apparaître un mélange de peur et d'élan qui ressemble à quelque chose de vivant.

Et vous ?
Par quel rôle ou quelle place familiale êtes-vous contraint ?

Et si vous vous demandiez quelle place, quelle identité, quel rôle familial vous limite ?

Pourriez-vous accueillir cette ambivalence que vous devez aussi vivre entre correspondre, plaire et être libre d'être qui vous voulez être ?

Que vous imposez-vous que vous reprochez aux autres ? Pouvez-vous sentir que c'est en vous que cela se passe ?

Il n'y a pas de bonne réponse à cette ambivalence, pas de bon choix, tout est acceptable… avec douceur.

Et n'oubliez pas que faire pour l'autre c'est encore faire pour soi puisque c'est à notre besoin de correspondre ou à notre besoin de nous vivre généreux que nous répondons.

Stéphanie, lâcher la réaction à l'enfance pour faire couple

C'est dans les relations significatives que les schémas construits se rejouent le plus. C'est là que les stratégies que l'on a bâties face au manque d'amour resurgissent en force. Il faudra, pour aimer, abandonner la construction du monde de notre enfance qui, si elle nous sécurise, est une prison et crée la répétition. Stéphanie gagne dans ce mouvement de dégagement la possibilité de faire couple.

Elle travaille dans le social. Elle a trois enfants encore petits, trois garçons avec peu d'écart d'âge. Elle dit qu'ils l'empêchent de respirer. Elle est nerveusement épuisée. Elle leur en veut et s'en veut de leur en vouloir.

Elle les a élevés, les toutes premières années, quasiment seule. Leur père était absent, absorbé par une entreprise dont elle devait faire le secrétariat tout en ayant la charge exclusive de leurs enfants. Elle a fini par partir, à la fois fière de son courage et blessée, renonçant à son rêve de famille idéale.

Ces derniers temps, elle est à bout. Elle pleure d'épuisement et d'impuissance. Quand je relève que ce doit être effectivement difficile d'élever ses trois garçons aujourd'hui, complètement seule de fait, elle me dit qu'elle a un nouveau compagnon.

Son discours ne le laissait pas apparaître. Elle dit que oui il est là, qu'il participe, mais qu'elle vit ses demandes insistantes d'être associé, de discuter et d'élaborer leurs rôles respectifs comme une pression supplémentaire qui accentue son sentiment de ne pas pouvoir souffler. Elle semble ne pas pouvoir composer avec lui. Elle se vit seule comme mère. Elle lui demande de la laisser tranquille et ensuite lui reproche de ne pas être assez là.

Le détour par l'enfance laisse émerger l'origine de cet impossible qui l'enferme.

Elle était petite, à peine huit ans, quand ses parents, pris par leur rythme professionnel, entrepreneurs eux aussi, l'ont mise chez une grand-mère peu chaleureuse puis à l'internat. Elle a dû faire avec un sentiment violent d'abandon et a construit une autonomie en force, noyée dans la tristesse de ne pas pouvoir demander d'aide.

C'est cette violence de devoir être forte et de nier ses besoins affectifs pour fonctionner et la violence du ressentiment qui vient avec ce renoncement qu'elle a vécu à nouveau avec le père de ses enfants. Gageons qu'il n'y a pas là de hasard.

Elle a perdu deux fois ce rêve de faire ensemble et d'un affect qui se partage. D'abord avec sa famille d'origine qui n'a pas été ce qu'elle aurait voulu. Ensuite dans son propre projet de famille qui a été aussi une désillusion.

Elle voudrait aujourd'hui, au fond, pouvoir demander, recevoir et donner dans son nouveau couple, pour l'éducation des garçons et au-delà mais c'est tellement douloureux, tellement pris dans des affects contradictoires qu'elle étouffe dans l'impasse en forme de cage qu'elle crée et recrée dès que le quotidien amène des difficultés. L'autonomie est sa défense, c'est ce qui l'a sauvée hier. C'est aussi la prison qui l'isole aujourd'hui du lien.

Elle pourrait demander l'aide de ce nouvel homme et accepter de composer avec lui pour construire une manière de faire à deux qui serait une solution et une résolution du schéma. Évidemment ce serait au prix de cette autonomie, obtenue de haute lutte, qui lui est chère. Cela supposerait aussi la traversée de la tristesse et de la rage adressée à ses parents dont elle est proche aujourd'hui et adressée à ce premier homme, le père des enfants.

S'il est possible de faire ensemble, alors cela veut dire pour elle que ces figures significatives ne l'ont pas voulu, qu'elle n'était pas assez aimable pour ça, et la blessure est suffisamment profonde pour qu'elle l'évite, quitte à générer encore et encore la tristesse d'être seule.

Sinon elle peut mettre son compagnon actuel à la même place, celle de l'autre sur lequel on ne peut pas compter, reproduire ce schéma et le valider, en repoussant d'un même élan la possibilité de résolution, celle de deux êtres solidaires dans les hauts et dans les bas, et celle, surtout, de retrouver sa respiration.

Comme toujours les deux voies sont sur la table. La même question se repose dans un contexte différent et le choix est là. Elle a choisi un homme avec qui cet insoluble peut être dépassé mais elle peut aussi refaire encore une fois la boucle en la recréant là, malgré les autres chemins ouverts.

Quand elle demande de l'aide tout en étant convaincue qu'elle ne peut pas en obtenir c'est la petite fille en détresse, aux portes de l'internat, qui parle. Quand, à l'inverse, elle demande à son compagnon de la laisser se débrouiller toute seule c'est encore cette petite fille qui, là, se parle à elle-même et se demande d'être forte parce qu'il va bien falloir.

Elle voit et comprend tout ça, elle a juste besoin d'une confirmation, d'un encouragement pour finir de faire pencher la balance. C'est vers un élargissement et une consolation heureuse qu'elle se dirige et elle traverse là des résurgences qu'elle dépasse, avec quelques effondrements passagers.

Resterait à savoir ce que cet homme d'aujourd'hui, dont elle parle avec amour et dont elle donne des éléments parcellaires, rejoue, lui, dans cette relation. On entrevoit dans ce qu'elle dit le besoin qu'il a d'être reconnu comme aidant et providentiel tout en étant persuadé de ne pas pouvoir l'obtenir. Je le saurai s'ils répondent à ma proposition de venir à deux mais, quoi qu›il en soit, lui aussi a choisi une compagne avec qui il va pouvoir le dépasser.

Ils s'apprêtent ensemble à sortir de ces courants qui les emportaient, à s'ouvrir et à se créer au-delà des répétitions. Ils se font ce cadeau d'une libération mutuelle.

Ils ont des projets, ils font des concours de danse ensemble. C'est une belle métaphore.

Et vous ? À quel vécu de l'enfance vous renvoient vos conflits de couple ?

Quand on parle à son ou sa partenaire ce n'est pas juste à lui que l'on s'adresse. Puisque cette relation ramène les enjeux affectifs d'hier c'est comme si on parlait en même temps à un de nos parents ou aux deux et parfois à des partenaires précédents qui nous ont impactés, comme si on leur demandait de nous aimer mieux, plus, pour être réparés.

En voyant cela, en se l'autorisant, en l'accueillant avec toute la douceur nécessaire pour aborder la faille, pour la dissoudre dans la tendresse, on peut, depuis cette ouverture, demander du réconfort et s'approcher de celui ou celle qui est là maintenant.

Quand vous êtes touché, dans les moments de conflit ou d'incompréhensions qui vous embarquent, à qui parlez-vous en même temps ?

LES ÉMOTIONS, PANNEAUX INDICATEURS ET OCCASIONS

C'est le cœur, l'essentiel. Tous les récits de séances y ramènent, au rapport difficile que nous entretenons avec elles. La douceur que l'on peut développer, nourrir, pour nous-mêmes s'applique d'abord là. C'est en prenant les émotions qui surviennent pour ce qu'elles sont, des indicateurs de là où nous avons mal et des occasions de soin que nous nous guérissons pas à pas. Accueillir les émotions, tout simplement, c'est s'accueillir soi.

L'émotion, un premier pas vers soi

Que ce soit lié une redite de l'enfance, l'écho d'un trauma ou juste une corde qui vibre, le surgissement de l'émotion est l'occasion de se connaître. C'est comme un bout de soi qui se montre quand on est ému. Ce sont nos fragilités qui se font jour. Ce sont toujours les mêmes endroits où nous sommes blessés, puisque nous filtrons tout, par peur de se retrouver à nu à nouveau, et que nous voyons donc partout les mêmes situations, que nous rouvrons les mêmes cicatrices encore et encore. Les émotions les pointent et pointent donc notre construction. Évidemment il n'est pas question là des peurs liées à des dangers matériels, des colères qui donnent l'élan de faire bouger des lignes mais bien des « sur-accidents émotionnels », le plus souvent relationnels.

C'est aussi, dans le même mouvement qu'une possible découverte de nous-mêmes, l'occasion de guérir puisque la répétition est une redite, une opportunité de revivre ce qui nous a blessé et de l'appréhender autrement et donc d'accueillir, cette, fois l'émotion C'est la possibilité de se façonner encore puisque nous sommes malléables par l'expérience. C'est donc un autre temps pour se soigner, se modeler avec plus de douceur qui se présente là dans le rapport avec cette émotion.

Le train repasse, la scène se rejoue, nous pouvons, cette fois-ci, être un gentil grand frère, un parent bienveillant pour nous-même, regarder ce qui est touché et le prendre en prenant l'émotion avec.

Ne plus lutter contre mais les traverser ?

Elles ont mauvaise presse pourtant, les émotions. Il faudrait au mieux les contrôler et à défaut les gérer ou bien encore il faudrait s'entraîner à maximiser les « bonnes » et à remplacer les « mauvaises ».

Vous l'avez compris très vite : être grand et normal c'est ne pas déborder émotionnellement. On a appris très tôt aux enfants que nous sommes à contenir ces émotions, à les cacher, ou à s'en expliquer.

Sans doute jugez-vous aussi les vôtres, comme beaucoup d'entre nous. Sans doute vous sentez-vous alors faillible, inadapté. Moi qui passe pourtant mes journées à dire à mes patients qu'elles sont les bienvenues, j'ai souvent de la difficulté avec les miennes que je trouve vite immatures alors que je sais pourtant qu'elles sont la voie qui mène à me rencontrer avec bienveillance et justement à la maturité.

Vous avez même sans doute associé au contrôle des émotions une forme de force, de la solidité, une vitrine de la sécurité intérieure. C'est en fait tout le contraire. La seule sécurité vient de la capacité à les traverser.

Si nous devons les éviter parce qu'elles feraient de nous des gens faibles ou puérils, si elles ne doivent pas surgir et nous déborder, il nous faut alors tout le temps être contrôlés. Si nous pouvons, au contraire, traverser une émotion qui se présente, si elle ne nous fait pas peur, nous sommes en sécurité et bien plus forts, de cette force ouverte qui n'est pas aux aguets et n'a pas à faire de démonstration

Les accueillir, les toucher avec douceur, envisager d'être avec nous quand nous sommes fragilisés comme on l'est avec d'autres, contenants, compréhensifs c'est améliorer la relation avec soi et arrêter de se traiter avec violence. Parce que c'est ce que l'on fait non ?

Et puis plus nous luttons contre notre émotion, plus elle prend de l'ampleur. C'est comme si on tentait de faire barrage à un fleuve avec des bouts de carton. A un moment ou un autre la force crée par l'opposition même va briser le faible barrage ou passer par-dessus en faisant des dégâts.

Et puis comme on tient ensemble l'émotion et son refus, nous nous mettons à la justifier et donc à lui faire de la place, à la nourrir dans nos ruminations. Si nous sommes en colère et que nous nous jugeons de cette colère nous nous retrouvons à égrener des arguments pour la soutenir. « Je ne devrais pas être en colère mais quand même il a fait ceci, mais quand même elle a dit cela ».

Si nous acceptons au contraire notre colère comme une réaction à de la peur, comme le signe de quelque chose de touché, de vulnérable en nous, nous pourrons bien plus facilement nous bercer avec, la laisser être tout doucement, la vivre, et la traverser. Elle s'en trouvera d'ailleurs immédiatement comme adoucie.

En leur laissant de l'espace elles nous ramènent à notre histoire et nous permettent de sentir là où nous sommes touchés avec compassion. En les vivant pleinement sans les restreindre elles font leur chemin seules, prennent la place dont elles ont besoin puis disparaissent là où les résistances et les discours que l'on y ajoute les laissent actives sans résolution possible.

Ce que nous laissons être, regardons tranquillement sans jugement hâtif ni surenchère se dissout tranquillement de lui-même alors que ce qui est contraint ou tenu s'expanse jusqu'à tout colorer.

Finalement quand on s'indigne de l'injustice aujourd'hui, quand on pleure le rejet aujourd'hui, quand on enrage de se sentir incompris aujourd'hui, quand on s'isole en se sentant si peu aimable aujourd'hui et qu'on accueille avec douceur ces tempêtes, on tombe toujours sur la tristesse de n'être pas assez, pas suffisant. Celle d'hier et celle d'aujourd'hui.

On peut alors pleurer ce que l'on n'a pas encore assez pleuré, pleurer hier et aujourd'hui dans un même mouvement, se consoler et se libérer. Les émotions sont donc, chaque fois qu'elles apparaissent, des occasions merveilleuses sur ce chemin de la douceur qui nous est offert.

Nous le verrons ces émotions qui surviennent en relation, notamment dans le couple, signent le retour de l'histoire, de l'enfance. Elles sont le pont qui relie, via l'affectivité fragile autant que précieuse, nos histoires et nos liens actuels. Si on les aborde avec tendresse elles permettent de voir et de soigner, de soi à soi et avec l'autre.

Elles sont la base du chemin de douceur que je vous propose là et c'est à elles que nous avant tout à adresser cette douceur comme premier pas d'une acceptation plus globale.

Karine, ou embrasser le vécu pour s'en affranchir

Toutes les consultations pourraient illustrer ce chapitre. J'ai choisi Karine qui fuit tant qu'elle peut les situations qui pourraient la replonger dans l'enfance et ce qu'elle y a ressenti, dans l'émotion justement. Elle aborde la thérapie comme un moyen de ne surtout plus jamais vivre ça et je vais devoir l'y accompagner pourtant. Comme toujours c'est en s'immergeant dedans et en s'y accueillant qu'elle pourra vivre sans cette boule au ventre de la menace toujours présente du revécu.

Elle s'excuse beaucoup. C'est une belle femme aux cheveux flamboyants et au sourire hésitant.

Elle parle surtout de son travail où elle peine à prendre une place et regrette que ses idées soient reprises par d'autres. Elle s'y sent différente de ses collègues, à part, et, malgré des succès importants qui ont pu jalonner sa carrière, elle n'arrive pas à s'y sécuriser.

Quand elle parle de son responsable et du fait qu'elle a du mal à se légitimer face à lui, je lui demande spontanément face à qui, dans son enfance, il était difficile de prendre position.

Elle évoque immédiatement son père et une gifle reçue alors qu'elle exprimait une idée contraire. Pour autant il semble que ce qu'elle dit la freiner face à la hiérarchie est plus de l'ordre de l'humiliation si elle osait exister que de la violence si elle contredit. Alors je réinterroge l'humiliation et là l'enfance fait irruption, dans les larmes. Il y est d'abord question de honte sociale, de factures non payées, d'argent emprunté à des parents de copains d'école pour faire des courses, d'huissiers et d'arrivée en cours d'année avec des chaussures trouées dans une nouvelle classe.

Et puis vient le rejet. Elle parle de ses tentatives d'inclusion parmi ses pairs malgré tout. Elle était sportive et a pu trouver là un sentiment d'existence, des débuts d'affinité avec d'autres jusqu'à ce qu'un garçon, vexé d'être battu, fasse alliance avec les autres contre elle et qu'elle soit rejetée au cours d'une récréation dont elle se souvient encore.

Tout se dessine depuis là. Il y a la peur de ce rejet violent, l'idée que quand on prend de la place on peut être banni et puis la crainte du ridicule issue de ces moments de honte parmi ses camarades. Au final, et comme pour verrouiller l'ensemble, il y a l'impossibilité de se rebeller parce que lorsque l'on s'oppose vraiment la violence n'est pas loin, celle du père qui tape quand il est contredit.

Alors elle a nourri une ambition forte, l'envie de briller, d'être au-dessus, enfin vue et choisie, vengée mais sur la terreur d'être à nouveau mise au ban et moquée.

Après quelques années protégées dans un couple sans relief, elle s'est accordé le cadeau de l'autonomie et de la liberté. Mais avec l'indépendance est revenue la peur.

Elle est redevenue l'adolescente qui veut être aimée, réparée par la place qu'on lui donnerait, et qui a peur d'être à nouveau ridiculisée. Elle recontacte son immense envie d'en découdre et la peur, tout aussi violente, d'être à nouveau la petite fille aux chaussures trouées.

Son abord d'une thérapie vient de là. Elle parle d'un stage autour de la confiance en soi qu'elle a envisagé. Elle évoque une routine qu'elle s'est créée le matin pour elle, comme un pas en avant. Elle veut avancer, elle s'en veut de soi-disant piétiner.

En fait, tout est un moyen d'échapper à cette petite fille. Elle veut de la confiance pour se mettre à l'abri. Elle veut se prémunir de la vulnérabilité. Sa routine matinale ressemble plus à un entraînement pour être une guerrière prête au combat qu'à une rencontre avec ce qui lui fait du bien. Tout est une course pour échapper aux fantômes qui lui courent après.

Pourtant c'est dans ces larmes, cette répétition de l'adolescence, la reconnaissance de son désir et de sa peur qu'elle trouvera une sécurité plutôt que dans la tentative de trouver des outils contre l'humiliation.

Ces outils, ce travail sur elle, la laissent inquiète parce qu'ils ne seront jamais que des outils, toujours peut-être insuffisants, laissant sous ses pieds l'abîme vertigineux du risque d'être moquée, la laissant comme suspendue, fébrile.

Lorsqu'elle aura rencontré vraiment cette petite fille apeurée et débrouillarde, qu'elle se sera reçue telle qu'elle est et pas telle qu'elle voudrait être, l'humiliation ne sera plus sa préoccupation.

Cette envie qui la taraude de réussir à rêver grand pourra s'exaucer, nourrie par ses qualités de travail, sans la crainte d'un nouvel effondrement.

Elle m'a envoyé un message un peu après la séance pour préciser que ce qu'elle n'a pas dit c'est que le jour de cette récréation où les autres ont fait bloc contre elle ils l'ont poussé et qu'elle est tombée.

Aujourd'hui peut-être, si je l'y encourage, pourra-t-elle tendre la main à cette petite fille qui voulait une place parmi les autres, l'accueillir enfin, vulnérable et forte, et la relever doucement avec son émotion dans un sourire tendre.

Et vous ?
Revivre ses émotions et s'en libérer

Il ne s'agit pas forcément, dans ces retours du passé, d'être soumis aux mêmes circonstances que celles de notre enfance ou de notre adolescence, mais bien du retour des mêmes émotions.

Notre réflexe va être de tout faire pour se prémunir du retour de cette souffrance, pour ne plus ressentir cette émotion. C'est pourtant le mouvement inverse qui va nous apaiser : s'accompagner tendrement là, au cœur de l'émotion, en ne se lâchant pas la main pour la vivre et la traverser.

Et vous ? De quelle émotion vous vous prémunissez, quel ressenti fuyez-vous à tout prix comme vous pouvez et qu'est-ce que ça dit de vous et de votre histoire ?

LE COUPLE

C'est bien sûr dans le couple que nous transposons le plus cette blessure de ne pas nous être sentis aimés. C'est là, évidemment, puisque le besoin d'être choisi et la peur du rejet qui nous rend défensifs s'y rejouent à plein. La relation nous met à l'endroit précis de nos fragilités. La scène se rejoue là, avec toute l'intensité dramatique qu'elle recouvre. Nous y sommes rappelés à notre enfance et ces schémas que nous évoquions vont revenir tout naturellement. Nous allons nous y attarder un peu parce que ce qui s'y joue est valable pour toute relation et que les relations sont le lieu privilégié de la rencontre avec nous-mêmes en plus de faire notre vie.

La danse à deux des retours de l'enfance

Dans le couple en effet nous allons retrouver, quels qu'ils soient, les canevas d'hier. Nous allons nous rencontrer nous-mêmes comme nous étions face à notre père ou à notre mère. Nous allons, là plus qu'ailleurs, voir ce qui est avec ces filtres déformants des blessures anciennes dont je vous ai parlé.

Nous allons alors, selon nos enfances et ce qui s'y est vécu, peut-être nous sentir à répétition rejetés et nous anesthésier, nous sentir disqualifiés et affûter nos arguments ou bien encore nous sentir insignifiants et nous plaindre ou nous sentir face à des chantages ou des contradictions et nous figer ou peut-être pris dans des injonctions et y obéissant voire prenant les devants pour plaire tout en enrageant dedans… comme hier.

C'est là donc que revient la faille de l'enfance, la nôtre mais aussi celle de l'autre et elles vont dialoguer, danser, dans cette chorégraphie singulière qui n'appartient qu'à ce duo-là. Que nous « choisissions » nos partenaires inconsciemment en fonction de nos schémas, de nos calques habituels, ou que nous les façonnions avec nos comportements, ou les deux, la compatibilité de nos failles est toujours parfaite.

Elles se répondent, s'emboîtent au centimètre près. Nos défenses face au sentiment douloureux de manque d'amour deviennent les attaques que l'autre reçoit comme autant de preuves qu'il n'est pas aimé suffisamment à son tour. Il y a dans cette correspondance, chaque fois parfaite, quelque chose de toujours étonnant. C'est de l'horlogerie suisse, une mécanique de précision dont les rouages dentelés s'enclenchent.

Si par exemple j'ai réagi à la violence et à l'intrusion par la fuite je vais rencontrer un partenaire qui a réagi au manque d'amour par la tentative désespérée de plaire. Mes fuites vont être pour lui de nouvelles humiliations, de nouveaux échecs dans son besoin d'assentiment et ses tentatives de rapprochement seront pour moi de nouvelles intrusions.

Si au contraire j'ai réagi aux reproches par de l'agressivité je vais rencontrer un partenaire qui a réagi aux attaques par des plaintes. Je vais vivre ses plaintes comme de nouveaux reproches et les emportements que cela va générer chez moi seront pour lui encore des attaques qui le pousseront à se plaindre.

Symétrie, miroir et boucles dans une ronde infinie. Toujours nos histoires viennent s'imbriquer et rejouer, pour chacun, la trame du connu.

La relation est le problème et la solution

Chacun, dès lors, joue sa partition victimaire répétitive en un cercle infernal où l'autre, celui-là même qui nous réparait au moment de la lune de miel en nous choisissant pleinement, peut devenir un ennemi. La défense de l'un est l'attaque subie par l'autre, là où chacun veut juste vérifier qu'il est aimable, qu'il peut être effectivement choisi, accueilli.

Mais si c'est là que revient la blessure de l'enfance c'est là qu'elle peut être soignée. En voyant que l'autre n'est pas notre ennemi mais qu'il est blessé aussi nous construisons la relation du couple et réparons les blessures premières en même temps. C'est comme un petit miracle accessible sur le chemin de la douceur dès lors que l'on baisse les armes.

Accueillir ce qui vient et déposer les armes

L'émotion, bien sûr, s'invite là comme nulle part ailleurs et elle indique chaque fois la douleur initiale. On peut alors l'accueillir et, juste par cet accueil doux, soigner doucement la plaie. On peut accueillir la nôtre d'abord et, depuis l'espace que cela crée, regarder ensuite avec tendresse l'émotion, donc la blessure de l'autre, et en prendre soin. Et l'autre peut faire la même chose dans une danse qui devient aimante. La relation ramène le problème, la douleur, mais elle en est aussi la solution.

D'abord, là aussi, il nous faudra accepter nos postures défensives qui attaquent si facilement. Il nous faudra voir que l'on n'est d'accord pour déposer les armes que si l'autre l'a fait d'abord ou qu'on les reprend vite si l'autre n'est pas dans un abandon symétrique, simultané, de la bataille. Il nous faudra voir que l'autre réagit à sa propre blessure, que ce qu'il a vécu il l'a bien vécu, qu'il n'y a pas là, ou très rarement, d'intention malveillante, de déni, mais une interprétation anxieuse, de bonne foi, toujours arrimée, comme la nôtre, au besoin d'être aimé et la peur de ne pas l'être.

Et puis voyons aussi que pour nous réparer nous voudrions là, enfin, l'inconditionnalité et que ce fantasme nous perd. Il n'amènera que des déceptions puisque personne n'a été assez valorisé et aimé pour être capable de l'offrir. Il faudrait pour ça ne pas être blessé et qui ne l'est pas ?

Lâcher la prétention à l›inconditionnalité reçue et donnée nous ouvre la voie à aimer de cet amour imparfait et merveilleux, souvent narcissique, parfois égoïste et toujours inquiet qui est, lui, une réelle occasion de s'accueillir.

Les pièges de la maturité et de l'indépendance

Vous avez bien sûr lu partout que le couple devrait être un lieu mature où nous n'attendrions pas de l'autre une réparation. Mais qui est mature ? Nous pouvons évidemment tendre doucement vers un lien de deux adultes qui n'attendent rien de l'autre et simplement partagent ce qu'ils ont dans les mains. Mais qui en est là ? Accepter avec douceur que nous avons des attentes, le besoin de nous sentir aimés, s'accepter imparfait et faire la même chose pour l'autre soigne profondément. Il nous faut partir de ce qui est plutôt que de ce qui devrait être.

Vous avez lu aussi qu'il fallait surtout ne pas dépendre et c'est sans doute le même piège. Bien sûr il est des dépendances douloureuses, parfois violentes, prises dans des mécaniques de pouvoir, qui sont bien souvent des redites elles aussi de nos enfances mais dépendre est inévitable et cela peut être une joie tranquille et nourrissante.

Nous avons malheureusement placé l'autonomie comme horizon ultime, comme synonyme de maturité et nous cherchons à toute force l'indépendance. Il faudrait se suffire à soi, fuir à tout prix la dépendance affective qui est même devenue un diagnostic, être individualisé, toujours debout et cacher nos peurs justement de la solitude et de l'isolement.

Le problème c'est que cette visée est devenue une quête et que bien souvent elle ne s'ancre pas dans une sécurité interne minimale qui aura bien voulu voir, traverser, aimer avec compassion justement nos besoins d'être entendus, soutenus, rassurés. Alors elle est menée contre nous-mêmes, contre nos besoins d'être considérés avec nos hésitations inquiètes, de pouvoir compter sur quelqu'un, d'être accueillis quand on trébuche, contre notre accès à la vulnérabilité. Et puis elle est menée contre l'autre qui ne devrait être, croit-on, ni un repère ni un refuge, à peine un soutien.

Notre besoin le plus fondamental est d'être aimé, d'être pris dans des bras contenants et de pouvoir nous y laisser aller. La vraie sécurité permet certes l'indépendance mais aussi d'accepter tranquillement de dépendre, de demander de l'aide, de choisir d'être tenu, supporté du regard.

Elle permet de prendre appui là pour mieux partir explorer dehors et revenir partager à l'autre nos peurs et nos découvertes, de naviguer entre une base tendre et le vaste monde. Si nous pouvons tranquillement choisir de dépendre alors notre autonomie est réelle, souple, et donc à l'abri de tout danger.

De l'utilité des crises

Les réactions que suscitent le couple, la souffrance qui apparaît là, je le redis, sont apparues dans la relation et c'est donc dans la relation que l'on pourra les soigner. Il s'agit de faire des blessures de chacun des deux, de leurs expressions, un problème commun. Alors les conflits deviennent des occasions qui permettent d'améliorer la relation, de la nourrir, tout en se découvrant et en réparant au présent nos traumas qui bégaient.

Les crises qui émergent immanquablement proviennent de l'émotion. Elles en suscitent et plus l'émotion est forte plus ce qu'elle draine de notre passé est fondamental et plus l'accueillir guérit. L'émotion générée dans la relation est donc, là aussi, bienvenue, elle est la voie vers l'apaisement par ce chemin de la douceur.

Les conflits ne posent pas de problème à partir du moment où nous sommes d'accord pour en faire un moyen de s'approcher dès que ce sera possible, dès que la vague sera passée. Les échecs n'en sont pas puisqu'ils sont temporaires. La vague émotionnelle fait partie du processus, il n'y a pas à lutter contre. À la longue elle perdra de sa force. En attendant nous pouvons nous prendre avec elle, nous autoriser à échouer. On peut alors offrir à l'autre une sécurité qui lui permet la vulnérabilité car notre réel apaisement viendra justement de la possibilité de cette vulnérabilité ensemble.

L'autre ne sera pas comme je le voudrais

Fondamentalement l'autre n'est sans doute pas comme je le voudrais. Le contraire serait étonnant non ? Ce qu'il devrait être d'après moi est dans mon monde, dans ma tête, dans mon fantasme, à partir de mes normes, à partir de mes blessures et de comment j'aurais besoin qu'elles soient réparées. Ce qu'il fait lui, ce qu'il dit, provient de son monde à lui, de son histoire. Les deux ne peuvent pas complètement se rencontrer.

Bien sûr nous pouvons décider qu'il n'est pas assez en accord avec nos attentes, qu'il est trop ceci, pas assez cela, que nous devrions le quitter et nous pouvons d'ailleurs le faire. Dans certains cas, notamment quand pour l'autre nous sommes le seul problème ou quand il y a de la violence, de l'humiliation, c'est bien entendu, quand nous le pouvons, le plus sage.

Mais si chacun souhaite le mieux pour l'autre et pour la relation alors nous pouvons passer le reste de notre vie ensemble à nous plaindre de tous les endroits où nos attentes sont déçues, où nous pensons avoir raison, cumuler les arguments, les preuves, que l'autre devrait bouger, changer, évoluer ou alors nous pouvons faire ensemble à partir de l'un et de l'autre, des fragiles bizarreries que nous sommes tous.

Qu'est-ce qui est important pour toi, qu'est ce qui est nécessaire pour moi, que peut-on inventer qui prend les deux en compte ? On peut construire sur le vent de nos fantasmes et de nos certitudes ou sur le réel de chacun de nous deux, avec nos peurs, nos imperfections, les besoins qui nous font un peu honte, nos valeurs discutables parce que tout ça c'est nous, ce nous hésitant et inquiet.

Alors nous n'avons plus, ni l'un ni l'autre, à revendiquer qui nous sommes et ce qui est important pour nous puisque plus personne ne les remet en cause et nous pouvons construire main dans la main ce paysage parfait, cette création singulière à deux qui ne se justifie que d'elle-même.

Modèles

Et puis voyons enfin, pour nous déculpabiliser encore, que la pression sur le couple est maximale. Il faudrait être très amoureux mais très indépendants, proches mais libres. Il faudrait être engagés et toujours positifs mais savoir que ça va fluctuer. On devrait y trouver rien de moins que le bonheur. C'est une montagne. Les modèles sont contradictoires et nous perdent eux aussi.

Il n'y a, en réalité, pas de bonne philosophie du couple, de bon positionnement. Celui de chacun d'entre nous est parfait. Il l'est d'autant plus qu'il ne pourrait pas être différent. Il dépend de là d'où l'on vient, de ce qu'on a vécu et c'est pour ça qu'on peut s'y réparer. C'est le point de départ qui peut être clair, l'intention commune.

Si on s'engage, ça suppose sans doute de mettre en avant l'intention de traverser les difficultés, de prioriser la relation et de voir, autant que l'on peut, comment les conflits viennent de ces blessures que l'on peut soulager ensemble. Ça suppose sans doute de refuser de voir l'autre comme coupable de ce que l'on vit, même si c'est ce qui vient en premier, mais plutôt de se penser responsables ensemble. Alors tout devient occasion.

Voyons, en fait, dans un regard acceptant et tendre, que nous sommes des petits garçons et des petites filles tremblants face à face et ensuite, peut-être un peu, pourrons-nous accéder à un lien plus mature. Là aussi il faut d'abord consoler l'enfant blessé, apeuré et rendu susceptible par ses blessures que nous sommes.

Louis et Corinne, rester ou partir

C'est la grande question. Rester ou partir. Trouvera-t-on les mêmes difficultés sur notre chemin si on part ou est-ce une violence contre soi de rester quand ça fait mal ? Prendre le risque de traverser ou pas ? C'est dans cette question de savoir si l'on est aimé par l'autre qu'est l'une de nos plus grandes fragilités. On s'éloigne bien souvent par peur de ne pas être aimé. Louis et Corinne ont envie autant qu'ils ont peur.

Ils arrivent ensemble en souriant presque trop, demandent tous les deux à aller aux toilettes, acceptent tous deux un café et c'est comme une petite danse préalable où je sens déjà la gêne teintée de l'espoir qu'ils mettent dans cette rencontre. Elle travaille dans la relation d'aide, elle est sociable. Il est technicien et plutôt solitaire.

Ils sortent tout tremblants d'une crise violente qui dure depuis quelques semaines. Elle a, au décours de problèmes somatiques qui l'ont surprise, revécu le deuil de son père. Tout un train un peu confus s'est mis en route. Elle s'est sentie comme en cage dans son couple, elle a pris acte de son insatisfaction, de son sentiment de n'être pas entendue. Elle lui a dit qu'elle ne l'aimait plus.

Dans la foulée, elle a eu une relation extraconjugale. Elle a fini par le lui dire. Ils se sont séparés, il est revenu, reparti, revenu, s'est emporté, a sombré quelques jours et puis il lui a proposé qu'ils traversent ça ensemble. Il dira que c'est soudain devenu une évidence, comme une sorte d'illumination et il s'est mis à son écoute. Elle a dit oui, ils ont décidé de venir me voir.

Ils ont pris une décision à ce carrefour. Ils savent que c'est un moment inaugural. Ils savent que ça va encore faire des remous, que ça va être difficile, que les blessures vont revenir dans cette tentative que ce soit un moment fondateur de leur relation, d'en faire un passage qui les rendra plus solides. Elle redira à coup sûr, quand ils se disputeront, comment elle n'a pas été entendue. Il revendiquera évidemment, quand il sera touché, la violence du sentiment de trahison.

Ils s'appuient sur leur sentiment profond, leur lien. Et puis il y a dans cette décision de faire avec ce qu'ils traversent une sensation réconfortante d'être choisis, comme le contrepoint du rejet douloureux qu'ils ont tous les deux vécu.

Il se sent validé, aimé dans le regard admiratif qu'elle pose sur la décision qu'il a prise et sur sa transformation, son ouverture nouvelle. Elle se sent aimée et importante dans la clarté justement de cette proposition qu'il fait d'aller au-delà malgré la culpabilité.

Bien sûr c'est un trébuchement courant, d'hésitation et d'adultère mais évidemment elle ramène à leurs histoires respectives que nous aurons à explorer ensemble pour donner du sens.

Dans ce qui affleure déjà on peut voir qu'elle a créé elle-même la cage dont elle dit devoir s'échapper. On voit déjà qu'elle s'est toujours sentie illégitime pour être entendue et qu'elle murmurait plutôt qu'elle ne parlait, qu'elle bouillonnait. Elle a projeté sur lui son père qui n'entendait rien et elle a eu besoin d'une série d'actes symboliques très forts parce qu'elle ne savait pas vraiment dire.

On voit aussi que lui, qui se disait à l'écoute, ne pouvait rien recevoir, pris dans sa propre fragilité, sa susceptibilité et que son vécu abandonnique l'a poussé à laisser filer sans entendre jusqu'à être effectivement abandonné.

Ils ont tous les deux raison et leurs histoires se sont télescopées, comme elles le font toujours. Ils ont décidé de regarder leur part, ce qu'ils peuvent changer en eux plutôt que chez l'autre, de faire de l'infidélité une occasion plus qu'une sentence, même si les revendications viennent d'abord, comme par réflexe.

C'est d'un réflexe défensif qu'il s'agit. Ils ont tous deux souffert et se méfient. Ils ont peur. Ils sont comme au milieu d'un parking dans une transaction où l'un a l'enfant kidnappé et l'autre la rançon et où il faut que l'échange soit simultané pour ne pas prendre le risque de se faire avoir. Ils ont envie et ils sont inquiets de remettre là leur vulnérabilité et cet espoir d'être aimé malgré tout, cet espoir qui danse avec la peur.

Je les préviens qu'ils vont m'utiliser dans les disputes qui ne manqueront pas d'apparaître même si je leur demande de m'accorder que je travaille autant pour l'un que pour l'autre. D'ailleurs, dans ces premiers échanges, dès que je valide un ressenti chez l'un il me faut aussitôt aller rassurer l'autre, lui dire que lui aussi est juste, légitime, que son point de vue est tout aussi vrai.

Ce sont des gens intelligents qui ont déjà, chacun à sa manière, exploré qui ils sont, même si l'inquiétude est palpable.

À la fin ils me demandent un avis sur le devenir de leur couple. Je suis touché. Comme moi, comme nous tous, ils cherchent une forme de sécurité, comme si je pouvais leur assurer que ça en valait la peine. Évidemment il n'y a pas de garantie, il n'y en a jamais, et c'est d'ailleurs en l'acceptant pleinement qu'on peut vraiment s'engager en laissant l'autre libre de nous faire mal.

Pour autant notre besoin de sécurisation est immense et je les rassure d'autant plus facilement que c'est ce que je sens. Ils savent ce qu'ils ont à gagner. C'est un tsunami et c'est une vraie aubaine, celle de clarifier leurs engagements à ne pas se blesser, à naviguer ensemble dans leurs névroses plutôt qu'à s'accuser mutuellement de leurs empêchements.

Ils sont capables, je crois, de traverser leurs peurs et leurs défenses, de fragiliser leur narcissisme pour s'offrir mutuellement, petit à petit, un amour d'autant plus beau qu'il est ouvert, fragile et fort.

Et vous ?
Êtes-vous prêt à sortir des conflits ?

Ici, il s'agit d'une véritable crise dont ils vont pouvoir ou pas faire une occasion mais la mécanique est la même dans les petites crises que sont les conflits.

La question en couple n'est pas de ne pas avoir de crise ou de conflit mais plutôt de construire comment on en sort et ce qu'on en fait. Les conflits vont venir, les émotions vont nous prendre quoi qu'il arrive et nous allons voir monter en nous des élans de colère, de repli, d'injustice, d'incompréhension.

Mais on peut apprendre à bien se disputer.

Comment avez-vous décidé de sortir des conflits inévitables ? Comment pouvez-vous faciliter votre retour à l'apaisement, celui de l'autre ? Comment, quand vous aurez traversé les émotions en les accueillant, passerez-vous de la plainte à la demande ?

Lucie et Jérôme, la sexualité comme métaphore

Pour que le couple s'épanouisse il faut sortir de l'idée de ce qui serait objectif, de ce qui serait normal, de qui a raison de voir les choses comme il les voit pour partir de la réalité vécue de chacun et voir là où elles pourraient se rejoindre quand on tend la main. C'est vrai pour tout et c'est vrai radicalement pour la sexualité, là où Lucie et Jérôme voudraient se rencontrer mieux.

Ça fait quelques semaines qu›ils viennent me voir. Ils sont souriants et intelligents, avec une forme d'aisance dans l›expression de ce qu›est leur relation et de leurs émotions. Ils en ont la culture, les codes. Ils sont de l'époque, portent des baskets à la mode aux pieds et ont des idées progressistes plein les poches.

C'est un couple unique comme ils le sont tous, leur danse n'est que la leur, elle a ses nuances propres. Ils l'ont décrite dans d'autres séances. Ils peuvent un peu mieux maintenant la voir et la parler, se protéger mutuellement et négocier. Il est ingénieur, elle travaille dans les ressources humaines, ils sont beaux.

Aujourd'hui ils parlent de sexualité et, là, leur ballet est assez classique. C'est un sujet qu'on aborde avec pudeur. Il est polémique socialement et puis chaque thérapeute est pris dans ses représentations et son vécu à lui, d'autant plus qu'il y a souvent là des zones aveugles. Je ne fais pas exception.

Ils sont un peu gênés d'en parler. Il pose une main sur son genou et la retire. Ils essaient de rester souriants. Elle tire machinalement sur sa jupe.

Elle dit qu'ils se désirent, se plaisent et prennent beaucoup de plaisir quand ils ont des rapports sexuels et ils sourient tous les deux un peu plus franchement quand elle dit ça comme s'ils étaient rassurés de pouvoir l'annoncer. Le problème n'est donc pas là, dans le plaisir comme il peut l'être parfois, il est dans la fréquence et dans qui initie ces moments. Parfois c'est un sujet conflictuel entre eux.

Bien entendu ça n'est pas une règle mais, dans leur couple comme dans beaucoup, il est plus souvent demandeur qu'elle. La sexualité, la manière dont elle est vécue dans le couple, est bien souvent une métaphore de la relation mais il y a aussi des schémas récurrents.

Dans leur difficulté cohabite ce qu'il y a de culturel, d'animal et d'intime en eux, dans un cocktail où le sexuel et les rapports de couple sont en pleine évolution. Ils les ont traversés ces courants sociétaux, ils ont la quarantaine.

Dans son esprit à elle les élans sont contradictoires. D'un côté il y a l'héritage du calamiteux devoir conjugal d'hier qui la voudrait disponible et la pression sociétale d'aujourd'hui à être très libérée. De l'autre il y a le mouvement de fond qui dit que sa sexualité lui appartient en propre, qu'elle doit être à l'écoute de son rythme, de son corps.

Elle dit avoir conscience de ce que les femmes ont eu à gagner mais ne pas vouloir être en croisade. Elle a croisé, comme beaucoup de femmes, des hommes qui ont pu parfois abîmer son rapport à ce qu'il y a de beau dans la séduction et le désir.

Ce débat interne est aussi intime puisqu'elle voudrait à la fois lui faire plaisir, être une compagne qui répond à ses demandes et en même temps ne pas s'abandonner elle-même dans son besoin de satisfaire et d'être aimée.

Parfois, dit-elle, elle ne sait plus si elle dit oui parce qu'elle en a envie, si elle dit non parce que dire oui quand c'est lui qui demande serait comme une abdication, si être désirée c'est être aimée ou si elle se sent plus aimée quand il laisse filer avant de revenir vers elle. Elle peut dire aussi que, quand elle n'est pas parasitée par tous ces enjeux, elle se sent elle aussi plus demandeuse.

Dans son esprit à lui les élans sont tout aussi contraires et ambivalents. Il y a d'un côté son désir, physique et de connexion à elle, et la pression sociétale à avoir une sexualité régulière et épanouie. De l'autre il y a le mouvement actuel auquel il adhère et qui lui demande d'être à l'écoute de sa femme et de savoir réprimer son élan pour ne jamais exercer quelque pression que ce soit.

Là aussi c'est sociétal mais aussi personnel puisque parfois il voudrait qu'elle dise oui parce que cela ressemblerait à une déclaration d'amour et que la plupart du temps il voudrait que sa virilité soit un fleuve si puissant qui l'entraîne sans qu'elle puisse y résister. Dans le même temps il voudrait être capable de suffisamment faire en fonction d'elle, de ne pas être insistant ou de réagir mieux à son éventuel refus.

Ils disent que quand ils se retrouvent au lit le soir et qu'il la désire tout ça plane. Il essaie de ne pas montrer son attente parce qu'elle lui a dit que ça lui mettait une forme de pression mais ils savent tous les deux que c'est là. Elle lit, parfois comme un sas qu'elle se crée avant d'aborder l'intimité, parfois pour y échapper. Il hésite à venir vers elle de peur d'être rejeté et son agacement est là quoiqu'il en dise.

C'est donc le plus souvent elle qui initie leurs rapports sexuels. Elle y gagne de faire en fonction d'elle mais vit quand même de la culpabilité. Il y gagne d'être moins repoussé mais il se sent quand même rejeté et y perd une part du plaisir à vivre sa masculinité.

Ils disent enfin chacun à leur manière ce qui est aussi un attendu, un classique : elle a besoin de se sentir aimée pour désirer, il a besoin d'être désiré pour se sentir aimé.

C'est bien souvent l'incompréhension du vécu de l'autre qui fait obstacle et ce d'autant plus que ce vécu est contradictoire. Pour peu qu'on soit blessé ou inquiet, on va toujours entendre et répondre à côté, sur une position défensive.

Être en couple c›est aussi aller vers le monde de l›autre pour le regarder et voir si on peut y faire un pas sans s'y perdre en étant attentif à ce que ce ne soit pas pour garder l›amour à tout prix ou dans des dynamiques de pouvoir. Il n'y a que des solutions uniques, des rythmes, des patchworks singuliers. C'est un monde à construire avec délicatesse.

En cela la sexualité est une métaphore de la relation. On peut tisser quelque chose ensemble en se prenant la main plutôt qu'en se jaugeant comme des menaces, des ennemis potentiels.

S'entendre sans revendiquer, dire plutôt que de se sentir anormaux, être entendus chacun pour qu'il ne soit pas question de qui a raison, leur aura suffi aujourd'hui pour faire quelques pas sur ce chemin.

Ils vont pouvoir petit à petit se mettre à la place de l'autre. Lui va pouvoir insuffler du désir sans brusquerie d'autant plus qu'il la verra parfois lâcher les armes et venir prendre le risque de sa sensualité. Elle va pouvoir jouer avec son désir d'autant plus qu'elle se sentira comprise et non pas pressée.

Quand chacun se sent pris en compte le jeu peut redevenir un jeu plus qu'une lutte et il y a là un terrain léger et amoureux, où les attributs de genre peuvent devenir des costumes pour mieux jouer.

Et puis s'ils y mettent intention et attention, à laisser les peaux faire, les corps sauront sans doute trouver sans obligation leur rythme et leur chemin.

Et Vous ?
Que vivez-vous de la relation dans votre sexualité ?

En quoi votre sexualité parle de la relation ?

Peut-on y lire ce qu'il y a de singulier dans la manière dont votre relation parfois est difficile ou au contraire merveilleuse ? Est-ce que ça pourrait en être une traduction ?

Que faites-vous du monde de chacun ? Pouvez-vous envisager celui de l'autre et aller à sa rencontre ?

Est-ce que votre sexualité pourrait être un lieu où les corps s'affranchissent, dans le ressenti, de tout ce qui est névrotique ?

Ou bien un lieu où ces difficultés pourraient être volontairement et joyeusement jouées ?

LE TRAUMA

Les émotions que nous vivons surgissent dans les redites relationnelles de nos constructions enfantines mais elles sont aussi parfois des réactions à des aléas, au réel, à là où l'on se cogne violemment et à la douleur qui s'ensuit. La vie, parfois, nous fait vivre des événements marquants qui semblent extérieurs à nos schémas premiers et qui modifient nos personnalités et nos trajectoires. Le trauma, comme tout l'est, sera aussi une occasion pour s'aborder avec délicatesse.

De quoi est-il question ?

On parle là d'un événement violent qui nous frappe, déborde nos capacités d'adaptation et nous enseigne – dans le chaos qu'il crée – la vulnérabilité, la précarité de toute chose. Je qualifie ici de trauma ce qui génère un avant et un après et attaque notre intégrité au-delà des définitions et des catégorisations… agressions, catastrophe, violences, événements et parfois dans des répétitions de violence, d'insécurité qui empêchent toute mise à l'abri.

Du trauma à l'insécurité

La plupart du temps nous vivons sans la conscience de la fragilité de la vie, de notre finitude et du miracle qu'est notre intégrité. Le trauma, en cassant tout, en remettant en cause notre sécurité, nous oblige à voir et à embrasser cette fragilité, sinon il nous brise.

Il est une tempête. Nous étions bras ouverts, légers, et il a balayé notre sécurité. Il a soufflé la maison. Il nous a déshabillés, soudainement, dans le froid, en plein vent. C'est un ouragan et il faudra beaucoup de douceur pour y répondre.

Il nous mène à l'inquiétude et à la vigilance puisque, maintenant, le monde est devenu dangereux. Il murmure en permanence : « Souviens-toi. Souviens-toi comme tu as eu peur, souviens-toi comme tu as eu mal ». Il nous mène à nous crisper, à nous durcir, à nous méfier et plus l'émotion est forte, plus le souvenir et l'alerte le sont.

Ce sont, bien entendu, des mécanismes liés à notre survie. Il est utile de se souvenir d'un danger violent pour éviter de s'y reconfronter, pour éviter ensuite les contextes de sa possible survenue. L'émotion est le poids qui ancre le souvenir dans notre fonctionnement pour nous protéger. Mais dans un trauma le mécanisme s'emballe et se grippe.

Alors il nous fige. Il nous amène à éviter, à nous replier, loin de tout ce qui pourrait nous le rappeler. Il nous fige puisque tout ce qui va le suggérer va nous y ramener, comme si c'était là, maintenant, comme si on le vivait à nouveau.

Des injonctions auto infligées

La mémoire associe, elle lie. Ce qui s'est allumé ensemble, ce qui s'est câblé ensemble, tenu par l'émotion, se rallume ensemble, comme une guirlande de bal. Tout ce qui était là, autour de l'événement, de l'agression, du danger – une odeur, une couleur, une silhouette – devient un interrupteur et convoque les sensations, les tremblements, la panique. Il nous a rendus fragiles, alors nous allons vouloir nous mettre à l'abri.

Là comme ailleurs, encore, nous allons nous brusquer. Après un trauma nous sommes pleins d'injonctions qui sont en fait de nouvelles violences que nous nous infligeons. Il faudrait par exemple en parler, il faudrait s'exposer, il ne faudrait pas le laisser restreindre nos périmètres, nos possibles.

Nous ne voulons pas être comme ces chevaux qui ne s'approchent plus des clôtures par peur des décharges. Nous ne voulons pas le laisser nous définir, nous limiter. Nous nous révoltons. Il arrive que nous nous exposions violemment, par impatience, par frustration, par la colère d'être empêché et nous nous blessons à nouveau. Nous allons vouloir, comme pour tout ce qui concerne notre monde interne, passer en force.

Une route vers la douceur

En réalité la seule règle c'est de se mettre à l'écoute avec délicatesse et précaution de ce qui nous vient. Bien sûr en parler dans un lien secure soigne parce qu'il s'agit de traverser à nouveau, en sécurité, pour déjouer doucement les défenses qui se sont levées et détendre la crispation anxieuse que nous sommes devenus. Alors nous en parlerons peut-être mais quand et comme nous le pourrons. Nous pouvons nous accorder du temps. Et parfois nous commencerons par parler du fait qu'on ne peut pas en parler, comme on s'approche d'une zone dangereuse à petits pas inquiets, en tenant la main d'un autre.

Ce que soigner le trauma nous apprend c'est encore la douceur. Il y est question des mêmes chemins d'accueil de nous-mêmes que ceux que nous évoquons depuis le début, avec nos ressentis, nos pensées et nos comportements.

On y parle, dans ces thérapies, d'entrer en contact avec ce qui a été vécu mais à l'abri, entouré, pour que l'association entre le contexte et l'émotion se rompe, pour défaire la guirlande. On y parle de précaution et de tact pour aborder la plaie.

Nous pouvons en conclure, en plus de cet abord doux qui nous manque tant, que nous avons, chaque fois que l'occasion est là, à chercher des espaces de calme ouvert, à nous offrir des oasis, à apprendre à faire ce qui nous fait du bien puisque l'on sera blessé à nouveau.

Nous pouvons essayer en tout cas de prendre tout ce que nous avons vécu avec la plus grande délicatesse, du bout des doigts, le visiter avec tendresse et dénouer, sans geste brusque pour ne rien casser, ces guirlandes qui nous limitent.

Il est encore, toujours, question de traverser nos blessures, de revivre ce qui nous a fait mal mais consciemment, tendrement et, pour cela, de prendre, de faire de la place à tout ce qui émerge, tout ce qui apparaît, à l'extérieur comme en nous.

Il nous faudra être patients, accepter notre fragilité, notre porosité au monde, que rien ne nous protège vraiment.

La volonté de nous protéger fait notre fragilité dans la raideur qui vient avec et il n'y aura de sécurité que dans l'accueil, la possibilité réouverte d'être blessé.

Un modèle ?

D'une certaine manière tout est trauma au sens d'expériences qui nous conditionnent. On parle là d'événements qui peuvent se situer en dehors, après les patterns de l'enfance, mais c'est exactement la même chose que pour nos blessures relationnelles précoces.

C'est le même mécanisme que celui qui nous fait voir chez l'autre le danger d'être à nouveau blessé comme lorsque nous étions enfants et que nous avons souffert de ce manque d'amour inévitable.

Nous sommes imprégnés, marqués par nos expériences qui nous ont amenés à nous méfier, à nous tendre, à anticiper comme si le contrôle pouvait être un bouclier contre la douleur. Nous sommes tous « traumatisés » et nous réagissons défensivement en fonction de nos traumas à nous.

Nous avons tous été dépassés à certains moments dans nos ressources émotionnelles et ce qui le rappelle comme ce qui pourrait l'annoncer déclenche notre angoisse. D'ailleurs nous sommes toujours un peu inquiets, jamais complètement détendus. Nous évitons les contextes qui nous ont fait tanguer.

Seules la douceur et la consolation qu'elle permet, en s'abordant chaleureusement, permettent une remise en jeu, un retour à ce qui est là, autour, sans méfiance, une remise à neuf de notre liberté.

Ce qui a été brusqué doit être abordé avec une tendresse chaleureuse pour que l'on puisse le traverser et s'en libérer. C'est toujours, aussi, une occasion de se rencontrer avec un peu plus d'amour et un peu moins de jugement.

Parfois c'est notre intimité même qui est piétinée

Lorsqu'il s'agit de violence sexuelle, les victimes de traumas ont d'autant plus du mal à demander de l'aide que, dans cette violence-là, tout pousse encore plus à se taire, au silence. Ce que crée toujours, avant tout, l'agression sexuelle c'est de la honte et de la culpabilité, dans un terrible renversement. Celles-ci, main dans la main mènent bien souvent à l'impossibilité de dire.

Comment pourrait-il en être autrement ? Qui parmi nous a un élan spontané à dire ce qui le fait se sentir honteux, sale, anormal puisque c'est bien souvent ce que cela crée ? Qui voudrait simplement et sans hésitation, mettre au jour, partager, l'endroit de son intimité, de sa confiance bafouée, écrasé, sali. Et puis l'atteinte sexuelle est une telle violence, un tel séisme au cœur de l'intimité, qu'elle sidère, dissocie, attaque la mémoire et cette confusion, elle aussi, appelle à se taire, à se replier sur soi.

La sidération nous a figés, paralysés, donné la sensation de n'avoir rien dit, rien fait là où nous pensons que, sans doute, un autre, une autre aurait pu, aurait agi, refusé. Alors à tort, malhonnêtement, elle nous culpabilise. La dissociation, elle, qui nous a protégés de l'inélaborable, nous rend étranger à nous-même, elle nous anesthésie pour supporter l'insupportable et alors les souvenirs qui nous restent peuvent être comme irréels.

Ce que nous avons vécu l'a-t-on vraiment vécu ? Nous n'avons rien fait, rien dit. Qu'est-ce que ça dit de nous ? Nous ne voyons pas que c'était impossible et il faudrait qu'on parle ? Là encore c'est ce que cela fait, comme un surplus de souffrance, comme une double peine, comme si cette effraction insensée, effroyable, n'était pas suffisante.

Et puis évoquer, parfois même simplement nommer, c'est revivre alors évidemment tout en nous se cabre, résiste. Prendre acte c'est se confronter encore à ce qui fait si mal, honte, à l'impensable. S'approcher d'un autre et dire, ouvrirait le gouffre au fond duquel dansent les émotions que la confusion, l'évitement protègent.

Il y a là, bien sûr, juste sous la surface, une immense tristesse et une immense rage, retenues, emmurées, elles aussi condamnées au silence mais qui s'agitent et nous laissent « intranquille » avec la peur panique d'ouvrir les vannes et d'être alors emporté, noyé. Alors le silence, le repli, s'installe comme une armure illusoire, trouée, de la même manière que le déni ou même l'amnésie sont parfois, un temps, comme de sombres parapluies fragiles qui ne suffiront pas.

Il faudra là aussi, là surtout de la délicatesse, il faudra s'approcher avec précaution, sur la pointe des pieds. On ne parle pas, bien sûr, parce que ça va faire trop mal alors il faudra que quelqu'un patiemment, en douceur, s'approche et permette.

Il faudra que quelqu'un offre ses mains ouvertes pour y déposer délicatement l'innommable, pour le regarder ensemble, partager la douleur, se faire témoin, suggérer, sans jamais rien forcer.

Ce que l'on tient loin peut nous paraître moins douloureux. Et quand on le pose sur la table, au milieu, tout est là à nouveau, cru, impensable et avec il y a tout, la boule au ventre, la gorge serrée, la nausée.

Bien sûr, je l'ai dit, c'est pourtant de parler qui permettra. Ce qui est tût, protégé, sous cette chappe de plomb reste agissant. Il faudra mettre à jour pour accueillir. La parole adressée et reçue est nécessaire parce que c'est comme ça que se dissout progressivement la honte et comme ça que l'émotion justement affleure puis sort, qu'on la traverse et qu'on trouvera ensuite, enfin, un début de consolation.

Alors ce que nous pouvons faire surtout c'est inviter l'autre, qu'il soit silencieux, bégayant ou criant à revenir s'asseoir parmi nous, qu'il parle ou qu'on parle pour lui tout doucement, comme un murmure d'abord pour ne pas lui faire plus mal avec le bruit qu'on ferait.

Nous pouvons lui redonner une place qu'il ne s'autorisait plus parce qu'il croit être maintenant comme à part. Nous pouvons l'accueillir, le réhabiliter avec chaleur. Nous pouvons lui dire à quel point nous sommes désolés, tous ensemble désolés, qu'il est le bienvenu, avec cette nausée et ce dégoût qui parlent de ce qu'il a vécu et pas de lui.

Nous pouvons lui dire qu'il est une personne normale qui a vécu quelque chose d'anormal et qu'on peut même pleurer ensemble cette violence. Nous pouvons avant tout lui dire : « Viens, rentre dans la ronde, sois le bienvenu parmi nous. Tu n'as jamais, pas une seule seconde, quitté l'humanité qui nous rassemble. »

Mathilde ou si la résilience était une autorisation que l'on s'offre

Le trauma crée une fuite telle que l'on peut avoir la sensation qu'il n'est pas actif. Cette fuite en est pourtant le premier symptôme. C'est ce trou-là, cet endroit interdit, évité qui est comme un bout du monde qui nous est retiré. On peut se sentir libre quand on ne s'en approche pas mais l'angoisse de s'en approcher n'est jamais loin. Mathilde ne peut pas, pour l'instant, aller au conflit.

Il aura suffi d'une phrase.

Elle parle de la relation avec son conjoint qui, parfois, se met en colère. Ils partagent beaucoup et elle a de l'estime pour lui. D'ailleurs elle ne voudrait pas avoir l'air d'en dire du mal. Il ne la frappe pas, il n'est pas insultant mais il y a dans ses éclats insistants, face auxquels elle recule et se tait, une forme de violence.

Elle dit « Je suis résiliente, je sais me taire » et dans cette phrase tout y est.

Elle a dit avant les violences subies quand elle vivait petite fille chez son père, après la séparation du couple parental. Elle a dit ses colères, comment il lui hurlait dessus au milieu de la nuit. Elle a dit que, quand elle lui a révélé les abus d'un oncle, il l'a giflée avant de la déposer définitivement chez sa mère.

Elle a dit son quotidien aujourd'hui, son angoisse permanente, son agitation intellectuelle, son épuisement.

C'est une femme brillante. Elle s'est intéressée aux violences, aux profils des auteurs mais c'est pour mieux minimiser en expliquant. Elle parle bien, vite, elle est un peu agitée. En tout cas l'angoisse est perceptible.

Elle pense aujourd'hui qu'être résiliente c'est se taire, c'est abandonner les limites qu'elle pourrait poser, c'est reculer, ne pas s'opposer.

Il valait mieux, effectivement, se taire face aux hurlements de son père. Se taire a été sa survie. Et puis quand elle a parlé elle a pris une gifle et a été abandonnée. Elle a compris que parler est risqué.

Je comprends dans cette phrase qu'elle ne s'est jamais reconnue comme victime, jamais réellement, jamais dans son ventre, ses émotions. Jamais elle n'a contacté son incommensurable tristesse et sa rage tout aussi gigantesque.

Je comprends que cette angoisse et cette agitation, cette banalisation qu'elle argumente si bien, cachent ces émotions qui lui font tellement peur.

Je comprends qu'elle va devoir toucher la rage et ensuite beaucoup pleurer la tristesse qui gît en dessous et qu'alors seulement elle pourra s'arrêter, se relâcher, souffler et délimiter ce qui est acceptable et ce qui ne l'est pas pour elle.

Je comprends qu'elle ne l'a pas choisi par hasard ce compagnon et qu'il est l'occasion de revivre et redécider, non pas les violences telles qu'elle les a subies, mais son positionnement. Je comprends que sa vie l'amène maintenant, parce qu'elle le peut, à interroger tout ça.

Elle sait au fond qu'elle a ça à traverser. Elle fuit quand même, comme par réflexe, dans le discours et l'agitation. Elle fuit comme on lutte pour ne pas se noyer, tant que je ne l'arrête pas.

Quand je l'arrête les larmes montent. Elle sait au bord de quoi elle est, ce qu'elle a à traverser.

Au fond, elle sait que la résilience n'est pas de se retirer dans le silence mais de se donner à nouveau le droit d'exister.

Et vous ?

De quoi votre gorge ou votre poitrine serrée, votre boule au ventre parle-t-elle ?

C'est notre corps d'abord qui indique qu'on approche une zone « traumatisée », un endroit où nos ressources ont été dépassées. Ce sont les signes d'alerte qui parlent, la tension musculaire, le ventre qui se noue, l'angoisse ou même une forme d'absence à nous-mêmes quand c'est insupportable.

Qu'est-ce que vous évitez ou qui vous met en alerte ? De quoi pourriez-vous accueillir délicatement les signes ?

De quoi pourriez-vous, dans une tendresse enveloppante, rassurante, doucement voir que vous n'avez pas encore été consolé ?

Justine, victime et non coupable

Nous avons un rapport difficile avec le statut de victime et se l'accorder est le premier pas, souvent le plus difficile. Justine vient pour être entendue mais toute une part d'elle voudrait être rabrouée. C'est comme si prendre acte de ce qu'elle avait vécu, de sa gravité, pouvait inaugurer tout un monde d'émotion qui lui fait tellement peur que minimiser la protège en même temps que cela la disqualifie profondément.

Elle arrive en s'excusant comme les premières fois que je l'ai vue, me demande comment je vais comme les premières fois que je l'ai vue.

Elle a un visage d'enfant, un grand sourire très blanc. Elle commence toujours en souriant beaucoup. C'est comme si elle avait encore sur elle sa blouse de sage-femme et la douceur inquiète pour l'autre qui va avec.

Et puis très vite vient la panique. Elle me dit que ça ne va pas du tout, qu'elle est agressive avec tout le monde, qu'elle envoie balader ses collègues, qu'elle est dure avec sa mère, qu'elle défend des arguments même quand elle sait qu'elle a tort et puis surtout qu'elle sabote la relation avec ce nouveau compagnon. Il est gentil c'est-à-dire pas comme ceux d'avant.

Elle pense qu'elle a un problème, que ça ne peut pas durer comme ça, qu'elle est sans doute méchante. Et puis, quand elle n'est pas en colère, elle pleure sans raison ou s'anesthésie comme elle peut. Sa tristesse et sa colère ne lui semblent raccordées à rien. Elle ne se reconnaît pas.

Alors je refais le lien, doucement. Elle est venue parce qu'une de ses amies s'est suicidée et que son sentiment de culpabilité l'empêchait de vivre mais ce qui est arrivé très vite c'est que ce drame a fait déborder ce qui sourdait en dessous, enterré vivant, repoussé au loin dans un passé révolu qui serait censé, d'après elle, ne plus avoir d'incidence.

Elle a subi des agressions sexuelles pendant plusieurs années. Un garçon plus âgé, ami de la famille. Elle n'a rien dit. D'abord prise dans la honte, la culpabilité et la sidération qui s'est installée, et puis par peur des réactions, de son frère un peu, de son père surtout.

Elle dit que ça n'est quand même pas si grave, que beaucoup de gens font face à bien pire, que ça n'est pas une excuse. Elle pense que ça devrait être dépassé, que le problème est sans doute ailleurs, chez elle, dans sa personnalité.

Alors j'y reviens. Je nomme, je qualifie. Je dis qu'il y a un auteur, une victime, que la victime c'est elle et que la loi est claire. Je dis l'intrusion, la peur, l'impuissance de cette enfant qu'elle était, à quel point c'est inacceptable, impensable.

Et puis je compare, je transpose. Que dirait-elle à une petite fille qui aurait vécu ce qu'elle a vécu et qui pleurerait, s'énerverait, serait agressive avec ses proches ? Lui dirait-elle de se taire ? La punirait-elle de sa colère ?

Évidemment ça remonte, lui dis-je et c'est tant mieux parce qu'on peut l'accueillir aujourd'hui.

Et puis qu'elle soit en colère contre sa mère ? Est-ce que cela ne pourrait pas avoir un lien avec le fait que, malgré elle, elle ne l'a pas protégée ? Et si cette colère n'est pas un procès, bien entendu, son vécu à elle c'est bien que les adultes n'ont rien vu, rien fait, n'ont pas compris, non ?

Sans doute tient-elle des positions contre ses collègues, sa famille mais quand on n'a pas pu dire non, quand on n'a pas pu s'affirmer, alors peut-être doit-on, pendant un temps, se positionner fortement, exagérément ? Peut-être qu'il faut en force lutter contre l'illégitimité jusqu'à ce qu'on puisse trouver un milieu où on peut délimiter son territoire sans crier ?

Et puis sa tristesse et sa colère ne sont-elles pas évidemment ce qui émerge de ce vécu enfantin terrifiant ? Ne prendrait-elle pas dans ses bras n'importe qui qui aurait vécu ce qu'elle a vécu ? N'a-t-elle pas le droit, le besoin, de pleurer, de crier et de dire non le plus fort qu'elle peut ?

Et puis ce compagnon il pourrait avoir le droit de la trouver digne, aimable, belle, y compris avec sa blessure. Il pourrait même sans doute avoir le droit d'accepter sa colère d'autant plus qu'il sait d'où elle vient et qu'elle ne lui est pas adressée. Il pourrait avoir le droit d'être d'accord pour traverser ça avec elle et de vivre avec elle son fleurissement à venir et ce qu'il en voit déjà ? Bien sûr qu'elle le repousse mais ils en parlent. Elle reste et lui aussi.

Ce qui est enterré ne peut pas être soigné. Tant que ce qui a fait trop mal n'est pas mis au jour, les émotions si douloureuses qui l'accompagnent ne peuvent pas être vécues jusqu'à leur épuisement. C'est bien parce que les émotions sont violentes qu'on maintient la chape mais le trauma agit de là insidieusement. Il attaque, ronge, contamine ce qui pourrait être beau. Jusqu'à ce qu'on y retourne, tendrement.

Au fur et à mesure que j'insiste, par vagues, avec autant de douceur que je peux, je la vois se détendre. Je vois son visage se relâcher, comme nettoyé de la haine qu'elle peut s'adresser.

Elle envisage d'en parler à sa famille. Peut-être ne le fera-t-elle pas mais dans cette idée même il y a un tout petit peu moins de honte.

La honte, la culpabilité des victimes d'abus sexuels, très souvent se porte sur l'idée qu'elles y seraient pour quelque chose mais ensuite aussi, plus insidieusement, sur celle qu'il faudrait avoir dépassé ce trauma.

Elles viennent voir des thérapeutes non pas pour être consolées mais pour en sortir avec brusquerie. Elles ont pourtant à s'appuyer sur eux pour s'accorder de pleurer encore, parfois beaucoup, avant de pouvoir avancer debout, ouvertes au monde, prêtes même à être aimées.

Elle lutte mais elle m'entend. Le tunnel paraît sans fin et, comme une coureuse de marathon à l'entraînement, il lui faudra des pauses. Mais le sourire de la fin de la séance ne s'excuse pas d'être là. Je suis touché mais tranquille. Je sais où nous allons et je sais qu'on y respire mieux.

Et vous ? N'êtes-vous pas trop dur avec vous-même ?

D'une manière générale, y compris en dehors de circonstances aussi violentes, nous nous traitons bien plus durement que n'importe qui d'autre. Nous sommes injustes, agressifs avec nous-mêmes, tout sauf doux.

Parfois de simplement transposer en imaginant ce que nous dirions à quelqu'un qui serait dans notre situation nous montre comme nous sommes durs avec nous-mêmes.

Là où vous vous jugez, là où vous vous critiquez en feriez-vous autant pour un ou une autre ?

LE DEUIL

Dans ce que nous avons à traverser, et si nous étendons encore une fois la notion de trauma, il y a des pertes, des deuils, qu'ils soient réels ou symboliques. Nous en vivons tous, encore et encore, dans une sorte de valse qui nous fait rencontrer et perdre, à répétition. Le deuil n'est pas une maladie. Il ne se soigne donc pas, il s'accompagne. Il n'est pas une maladie, il est un hommage que nous rendons à ce à quoi nous étions liés. Et, là aussi, nous pouvons nous prendre là où nous sommes avec indulgence, affection, avec ce que nous vivons sans nous demander autre chose, sans nous violenter.

Le droit au temps

Nous avons perdu, par exemple, un proche. Nous sommes tristes, malheureux, c'est entendu. Nous nous l'accordons, nous l'accordons aux autres. Mais c'est comme si cette tristesse n'était recevable qu'un temps. Nous devrions, après un délai acceptable, nous remettre, nous tourner à nouveau vers la vie sans plus de peine ou plus trop. Il faudrait avancer, passer à autre chose. Quelle violence !

Si être en deuil c'est rendre hommage à celui ou celle qui n'est plus là, nous pouvons nous accorder tout le temps dont nous avons besoin, justement à la hauteur de notre attachement. Parce qu'aller mieux serait comme laisser derrière, comme abandonner. Parce qu'aller mieux vite, trop vite, nous donnerait le sentiment de trahir. Ce serait comme tourner la page et ce serait insupportable. En nous d'ailleurs, naturellement, une voix s'insurge. Comment pourrions-nous rire et danser, vivre ? Nous avons le droit d'avoir mal. Nous avons le droit, même, de nous sentir coupables, aussi longtemps que nous en aurons besoin.

Nous avons à autoriser les deuils, nous avons à autoriser les pleurs, aux autres mais aussi à nous-mêmes, nous avons à nous autoriser le temps. Laissons-nous être, avec notre peine, avec la perte. Il n'y a, comme règle, que notre besoin. Nous devons être notre seul curseur. En parler ou pas, garder ou donner des objets, aller sur une tombe ou pas, nous replier ou aller vers les autres. Soyons conciliants, ouverts, doux pour nous-mêmes. Berçons-nous, doucement, étreignons-nous, pleurons.

La douleur comme maintien de la relation

Chaque fois que le présent rappelle la perte, qu'un mot, une image, un lieu ravive la douleur nous sommes en contact avec celui ou celle que nous avons perdu(e). La douleur est le maintien de la relation. Nous pouvons, en cela, la chérir.

Bien sûr il arrivera sans doute un moment où la blessure ne prendra plus toute la place, où elle se fera plus discrète, à la fois plus rare et plus douce, comme ces cicatrices qui s'éveillent à peine quand le temps est mauvais.

Peut-être alors voudrons-nous dire à nouveau au revoir, peut-être que nous voudrons formuler, écrire, penser un autre rituel. Sans doute mais après avoir laissé toute la place à notre douleur.

Ne chassons rien, ne faisons pas notre deuil. C'est en s'abandonnant à ce que nous vivons, aux larmes de la séparation que nous la traversons. La tristesse du deuil est un au revoir, son intensité, le temps nécessaire, parle de nous et de celui ou celle que l'on perd. Il en va de même pour tout ce que nous perdons.

Là aussi notre émotion nous inquiète. Nous avons l'impression que si on s'y laisse aller on ne s'en remettra pas, que si on se laisse emporter on ne se relèvera pas, qu'il ne faut pas ouvrir les vannes parce qu'on sera emporté.

Ça n'est jamais le cas mais le seul moyen de s'en rendre compte c'est de s'y abandonner. L'émotion se traverse d'autant plus qu'on lui laisse toute la place, qu'on la vit complètement et nous avons même le droit de la garder précieusement près de nous.

Sandrine ou le deuil impossible

La culpabilité a toute sa place dans le deuil, elle est même un temps utile, comme une proclamation du lien mais nous avons aussi le droit de vivre. Nous pouvons retrouver la fonction sociale du deuil, celle d'une durée de mise en retrait, en veille triste, offerte à celui qui nous était cher comme une interdiction momentanée au bonheur. Il faudra sans doute que Sandrine comprenne que c'est cela qu'elle fait pour y donner peut-être un terme consenti.

Ses traits sont réguliers et harmonieux mais son visage est un peu figé, comme retenu. Elle dit qu'elle est souvent perçue comme froide par ceux qui la connaissent mal.

On le verra, l'ouverture est dangereuse pour elle. Malgré tout elle s'éclaire parfois d'un demi-sourire et l'on sent que c'est comme s'il lui échappait. On peut apercevoir, dans ces interstices, la joie enfantine qui pourrait s'inviter et l'illuminer.

Elle a vécu un deuil, un deuil après un suicide. Son père s'est donné la mort alors qu'elle avait tout juste onze ans. Bien entendu ce sont les deuils les plus difficiles, les plus violents, ceux qui emmènent avec eux des émotions chaotiques.

Il y a bien sûr de la tristesse mais aussi du désarroi et même souvent de la honte mêlée à la culpabilité. C'est souvent comme si, dans la lignée de l'héritage religieux qui considérait que se donner la mort c'était se substituer à Dieu, les proches devaient encore se justifier quand il y a un suicide.

On y rencontre aussi parfois, aux côtés de la tristesse, de la colère qui crée comme une confusion puisque c'est de la même personne qu'il est question. On peut en vouloir, et parfois c'est indicible, à la personne que l'on est si triste d'avoir perdue.

Et puis il y a souvent, au fond, cette blessure insondable de s'être vécu comme insuffisant pour retenir celui qu'on aime.

Ce qui l'amène et qu'elle a formulé avant que je m'intéresse à son histoire c'est son rapport au travail. Au travail et l'angoisse qui la ronge.

Elle est entre deux postes dans l'hôtellerie. Jusque-là, là où elle est, elle a eu une grande autonomie mais elle vit cette liberté comme un espace vide au sein duquel elle est abandonnée, sans cadre. Ce vide l'inquiète et ces dernières semaines elle a traversé des crises d'angoisse qui l'ont beaucoup fait souffrir.

Alors elle s'en va et elle vient de postuler dans une chaîne franchisée structurée, hiérarchisée, qui semble pouvoir la rassurer, contenir son angoisse.

Ce qu'elle craint pour le coup dans ce poste à venir c'est sa difficulté, justement, à se conformer à un cadre, d'autant plus si les décisions qui s'imposeraient à elle ne lui semblaient pas pertinentes.

Je lui fais remarquer que son monde est dès lors fermé, pris dans un impossible où il n'y aurait pas d'espace satisfaisant entre trop ou pas assez de directives et le parallèle apparaît.

Bien sûr la distance est un abandon pour elle. Quand elle se retrouve seule, loin de la hiérarchie, c'est un gouffre qui s'ouvre. C'est le gouffre de la panique, celui de la petite fille laissée là par son père qui était sa sécurité. Elle a dû faire avec, ou plutôt sans, sans pouvoir s'appuyer sur une mère qui était occupée ailleurs, à gérer ce qu'il fallait faire pour continuer, pour elle et pour sa sœur.

Alors, d'un autre côté et malgré cette panique, elle a construit une autonomie, en force, pour fonctionner et, quand on lui impose des règles, une norme, quand on la contraint, c'est tout aussi insupportable parce que c'est toute cette construction fragile qui a été sa survie qui est attaquée.

Elle navigue entre ces deux écueils issus de l'enfance et du cataclysme comme un marin entre la côte et les récifs et c'est comme si elle ne pouvait pas trouver la paix.

Ce qui nous a construits se projette, bien sûr, que ce soit dans le couple, le travail ou encore la vie amicale, potentiellement partout où nous sommes impliqués.

D'une certaine manière, cette intranquillité où elle vogue est rassurante pour elle. Elle dit que l'insouciance est un danger. Elle dit qu'elle l'a été insouciante, avant ses onze ans, avant que son père ne mette fin à ses jours et que tout s'effondre sans qu'elle ne comprenne grand-chose, sans que personne ne prenne le temps de lui donner des explications, un sens auquel s'accrocher, dans le chaos familial qui a suivi.

Elle dit qu'être bien c'est dangereux. Quand on est bien le pire arrive alors comment pourrait-on s'y laisser aller ? Elle a, d'une certaine manière, encore onze ans. En tout cas c'est là, là où son sourire est resté, qu'il faut aller la chercher.

Et puis, encore plus fondamentalement, il est question de comment être vivante, heureuse peut-être, serait trahir. Être bien, un peu enjouée même, ce serait trahir son père, ce serait comme minimiser la perte, la douleur.

Je le pressens alors je lui demande combien de temps, d'après elle, il est raisonnable d'être malheureuse, empêchée, avant d'avoir le droit de vivre un peu de légèreté.

Dans un vrai sourire elle me répond « toute la vie ». Et dans la distance qu'il y a dans ce sourire, dans l'ambivalence qu'il révèle même si la douleur est là, dans le ras-le-bol de l'angoisse il y a l'espace à venir de ce qu'elle est venue faire chez un thérapeute. Il y a l'espace de vraiment dire au revoir à son père sans l'oublier.

Et vous ?
Vos deuils passés empêchent-ils vos amours futures ?

Bien sûr vous êtes endeuillé, vous avez vécu des pertes. Sans doute certaines sont-elles plus vivaces, plus inacceptables que d'autres.

C'est inévitable. Le seul moyen de ne pas souffrir c'est de ne pas s'attacher parce qu'à s'attacher on prend le risque des séparations et des pertes mais cet isolement serait, en lui-même, une souffrance intolérable.

Mais vous refrénez-vous parfois, dans l'amour que vous auriez à donner, dans ce que vous pourriez faire, par peur de souffrir à nouveau ?

Fermez-vous, par peur, l'accès à ce qu'il y a de vulnérable en vous, à donner et à recevoir ?

FÉMININ ET MASCULIN

C'est l'objectif de cet ouvrage, souvenez-vous : en devenant un ami soutenant pour nous-mêmes, en étant doux et compréhensifs avec nous, en nous décrispant nous gagnons en liberté et en plaisir.

Il y a donc une issue dans chacune des émotions qui surviennent, qu'elles proviennent d'un retour de l'enfance dans la relation ou qu'elles soient liées à un événement marquant qui nous a bousculés et qui, en s'imprimant, nous a conditionné et nous a enlevé notre liberté et notre joie. L'issue est qu'en cessant d'y résister, en la vivant avec douceur, complètement, on efface la cicatrice et on se débarrasse de cette contraction anxieuse, de la méfiance qui nous limite.

Clichés du genre

Les jugements que nous portons sur nous, les injonctions, sont tout autant des crispations et des limitations. Là aussi il y a une issue. Cette issue est encore dedans. La solution est toujours dans le problème. Jamais dans le raidissement qui l'évite.

En allégeant ces jugements, en comprenant qu'on a toujours fait ce qu'on a pu, que si on avait pu faire autrement on aurait bien sûr fait autrement on s'allège aussi et on ouvre à nouveau les possibles. Quand on a le droit de se tromper, on est complètement libre. Évidemment, là aussi, avant de moins se juger il faut accepter qu'on se juge, tout le temps ou presque, avec une immense violence.

Parmi ces injonctions sur ce que nous devrions être ou pas, plus, mieux, différemment, celles liées au genre sont redoutables. Là aussi, nous pourrions sans doute nous accorder un regard un peu plus doux.

Bien sûr nous sommes pris dans les clichés de genre, ils sont actifs. Nous avons envie de liberté et ces cloisonnements nous enferment mais nous avons aussi besoin d'appartenir, nous avons aussi besoin d'identité.

Peut-être pourrions-nous nous accorder les deux, des allers et retours, le besoin d'appartenance autant que l'envie de déconstruire. Peut-être pourrions-nous nous accorder là l'ambivalence et l'inconstance. Peut-être même pourrions-nous jouer le genre sans en être dupe et nous accorder cette danse.

La masculinité, bien sûr, est fragile. Pour être, elle doit se montrer. Nous les hommes croyons devoir toujours prouver que nous sommes des hommes, dans ce que l'on montre, ce qui se voit de force, d'action, de solidité, de prise sur le monde. Nous devrions sans cesse vérifier que nous sommes toujours dans le lot, que nous avons notre place. Nous nous jaugeons du coin de l'œil en faisant tout pour avoir l'air bien campés sur nos jambes et détendus alors que nous sommes inquiets.

Nous sommes des petits garçons sur la plage qui font signe de la main pour montrer ce qu'ils ont construit ou comment ils courent vite tout en portant des banderoles disant haut et fort qu'ils sont indépendants. C'est en essayant d'avoir l'air tranquille que nous montrons notre inquiétude.

Nous pouvons peut-être au contraire vivre complètement nos désirs d'être vus et valorisés. Nous pouvons voir avec tendresse la fragilité qu'il y a à vouloir être forts, voir que la peur de l'émotion est, elle-même, une émotion. Nous pouvons nous arrêter dans cette course, nous retourner et voir que personne ne court derrière.

Le féminin, lui aussi, est inquiet bien entendu. Cela n'est pas plus facile pour les femmes. Peut-être le sait-on mieux. Être féminine c'est prendre le risque d'être vue comme frivole et creuse, ne pas l'être c'est se voir possiblement bannie du regard des hommes et même, parfois, du regard des autres femmes.

Et puis les valeurs sociales mettent en avant la compassion et la générosité chez les femmes, leur interdisant la colère. Malheureusement adhérer à ça c'est prêter le flanc à la soumission et écraser la rage et la revendication qui ressortiront là où elles le peuvent.

Le lourd poids du jugement

Tout, dans le genre, qu'il soit masculin ou féminin, est impasse dès lors que l'on rigidifie les rails, dès que l'on s'oblige, dès lors que l'on ne s'accorde pas de trébucher.

Séduction et sexualité pour les hommes comme pour les femmes, dans le prolongement du genre, sont encore plus des gouffres d'inquiétude. Il faudrait être grand et normal alors qu'on veut se rencontrer et qu'on ne peut le faire corporellement vraiment que comme des enfants ouverts et joueurs.

Nous nous jugeons, là et ailleurs, en permanence. Nous nous vivons comme en échec, insuffisants, parfois de manière si automatique que nous ne le voyons même pas.

Nous pouvons pourtant peut-être, sur ce chemin du lien à nous-mêmes, reconsidérer nos jugements, hâtifs, violents, immédiats.

Avec qui d'autre, je vous l'ai demandé plus tôt, qu'avec nous-mêmes sommes-nous si rejetant, jugeant, si durs ? Qui traiterions-nous comme nous nous traitons ? Nous devrions toujours être plus ceci, moins cela, autre chose de toute façon. Malheureusement nous ne voyons pas que c'est précisément la part de nous blessée que nous avons piétinée au passage. C'est nous que nous rejetons, nous avec nos peurs, nos hésitations, nos émotions excessives, nos défauts, nos incapacités et nos erreurs.

Et puis a-t-on déjà appris quoi que ce soit à qui que ce soit avec des critiques permanentes, des coups ? Puisque ce sont les enfants en nous que l'on soigne on peut se souvenir peut-être qu'on n'a jamais rien appris à un enfant à coups de pied.

Que ce soit l'expression de notre sentiment d'insuffisance issu de l'enfance ou que ce soit lié aux diktats sociaux importe peu. Tous nos jugements spontanés sont, comme les émotions, des occasions pour nous. Chaque fois que nous pouvons les voir, les accueillir et les adoucir c'est nous que nous réhabilitons et nous pouvons alors nous réouvrir au monde.

Pourrions-nous nous voir pour ce que nous sommes : des enfants qui essaient tant bien que mal d'avoir l'air à l'aise dans les panoplies d'hommes et de femmes sûrs d'eux et de leur appartenance ?

RENAUD CONTRE L'ARCHÉTYPE DE LA VIOLENCE

Dans notre rapport aux émotions, la colère a une mauvaise place. Elle est socialement plus masculine. Elle est plus jugée aussi. Elle est toujours une réaction, à la peur ou à la tristesse. Chez Arnaud, les deux sont là et ses colères participent aux jugements qu'il a sur lui et à sa fragilisation qui le fait réagir en un cercle douloureux. Il lui faudra accepter avec douceur sa colère, la comprendre et l'accueillir pour s'en défaire.

Il est agressif avec sa femme et, au moment où je le rencontre, cette agressivité leur fait peur. Il ne justifie pas ces écarts, ils sont encore contenus. Il y a donc de l'espace pour ouvrir un chemin mais il faut qu'on aille un peu vite.

C'est un classique dont les détails sont presque superflus, un archétype contemporain de la violence qui habite les hommes, j'allais dire tous les hommes.

Il a eu un père dénigrant et pointilleux, peu ouvert à sa sensibilité. Alors il a été blessé et en colère tout en voulant correspondre aux attentes de cette masculinité étroite du père. Il a donc enfoui sa vulnérabilité, sa fragilité ouverte et aimante, pour ne pas être blessé. Elle est protégée maintenant comme un talon d'Achille sensible. Il en est le gardien, attentif, impulsif. Les masculinités défensives, en toute logique, se transmettent, s'héritent.

Peut-être peut-on simplement ajouter qu'à l'adolescence il a transgressé pour exister, et, sur ce fil, il a basculé un peu trop loin pour pouvoir éviter les conséquences. Pour une affaire de stupéfiants, la justice lui a proposé un éloignement plutôt qu'une peine. En s'éloignant des ennuis il a dû laisser sa famille. Il s'en est toujours voulu et il se pense mauvais fils, responsable de la peine de sa mère. Double peine.

Là, il est au chômage et tout s'effondre parce qu'il a construit qui il est, dans le sillon de son père, sur l'idée qu'il faut faire, bien faire, avancer toujours pour justifier sa place d'homme, sa place tout court.

Il évoque ses manquements, son manque de gentillesse. Je les explique par son enfermement en lui. Il parle de ses emportements et je les qualifie comme autant de réactions à ses sentiments d'insuffisance. J'appuie doucement et il pleure. L'armure se fendille.

Chaque fois que je le vois j'ouvre une petite brèche par laquelle s'écoulent quelques larmes. Je peux sentir alors le mélange de gêne et de détente. Dans cet attendrissement, dans cette ouverture, il y a comme un soupir de soulagement qui passe dans la tristesse.

Les pleurs ramollissent le bois tendu dont il est fait ou plutôt le bois dense qui recouvre sa souffrance crue qui palpite de tendresse, celle qui ne demande qu'à prendre le risque d'être vue.

Ce petit espace d'attendrissement peu à peu s'élargit. Quelque chose se relâche dans le regard qu'il peut porter sur lui en s'appuyant sur le mien. Il redevient doucement souple et vivant en fondant par endroits.

Chaque fois nous faisons le même chemin de « je suis un connard » à « je suis blessé ». Il prolonge dans son quotidien cet effort du changement d'optique. Il se voit faire et s'évertue à décaler son regard.

Maintenant, quand il s'emporte il peut partir au lieu d'exploser, aller faire un tour et regarder en lui. Il peut voir et c'est comme un réseau qui lui apparaît et qui revient toujours à ce petit garçon blessé qu'il est, à sa peur de ne pas être assez pour juste être là, à la tristesse qu'il écrase parce qu'il ne faut pas se laisser aller.

Il est agressif quand il se sent contesté, critiqué parce que lui-même se dénigre. Il ne peut pas demander à sa compagne de l'aide puisqu'il pense ne pas mériter cette aide parce qu'il se dénigre. Il ne peut pas prendre du temps pour lui qui lui ferait pourtant tellement de bien parce qu'il doit justifier sa présence en étant utile parce qu'il se dénigre. Il ne peut pas prendre les compliments dont il aurait tant besoin parce qu'il se dénigre.

Dans chaque larme issue de ce constat il ouvre un espace où sa compagne peut le rejoindre. Chaque fois qu'il peut être vulnérable face à moi nous nous approchons. Chaque fois qu'il voit la violence qu'il exerce contre lui-même, sa panique, sa colère née de la peur, il se rencontre un peu.

C'est un homme courageux, de ce courage véritable qui suppose de pouvoir faire face à ses peurs et non de ce courage factice qui consiste à les nier.

Les masculinités fragiles et défensives se transmettent. Elles se transmettent jusqu'à ce qu'il y en ait un qui ait la force d'aller voir ce qui se passe au beau milieu de cette blessure, au beau milieu de la forêt en feu. La solution est toujours dans le cœur du problème.

Et vous ?
En quoi votre peur vous anime-t-elle plus que de raison ?

C'est toujours la peur de ne pas être suffisant, de ne pas être aimable, qui nous rend agressif comme si on attaquait déjà l'autre de l'idée qu'il allait nous rejeter comme on se rejette nous-mêmes. Celui ou celle qui est rassuré(e) n'est pas agressif.

Et vous, que vous soyez homme ou femme, qu'est-ce qui de vos ressentis est verrouillé par cette peur de vous montrer faillible et crée de la colère ?

Quelle fragilité, que vous ne pouvez pas accueillir, vous rend parfois agressif ?

Pourriez-vous simplement vous qualifier différemment depuis ce point de vue ? Pourriez-vous remplacer « Je suis agressif » par « Je suis blessé » ?

Coralie ou le retour à la totalité

Notre rapport au genre dépend bien entendu de ce que nos parents en disaient, de leur propre rapport à leur masculinité ou à leur féminité. Que l'on se soit construit en fonction d'eux, comme ce qu'ils professaient, incarnaient ou au contraire en réaction, à l'inverse, c'est toujours en référence à eux. Celui de Coralie, comme celui d'Arnaud est hérité

Elle dit qu'elle a été tentée de tout envoyer balader.

Elle a perdu un ami il y a quelques mois. Il était beaucoup pour elle. Il lui permettait de tenir quand elle était découragée, il la nourrissait. Sa mort subite a laissé un grand vide, il avait son âge. Elle n'a pas cinquante ans.

Quand je lui demande ce qu'elle ferait si elle vivait effectivement avec cette conscience aiguë de la précarité de nos vies, cette évidence qui l'a frappée là, c'est en fait son couple qui est tout de suite en question.

Elle parle alors des demandes sans réponses qu'elle y fait, de son insatisfaction, de la maison où ils vivent qui ne lui convient pas, mais on n'y entend pas de déception, pas de douleur. Le sujet ne semble même pas être la relation qu'elle vit, la hiérarchisation de ses besoins, la perte de l'élan amoureux mais peut-être le couple tout court. Il est question du couple mais pas d'amour, ni d'elle comme femme.

Un détour par l'enfance déterre un discours maternel aimant mais qui disqualifie les hommes et, paradoxalement, l'invalide elle face à eux. Sans doute n'est-elle pas assez bien pour un homme et la route devient une impasse.

Alors elle a choisi, sans vraiment s'en rendre compte, la voie d'une forme d'espièglerie, de l'énergie et du travail où elle est épanouie. Pour elle le couple heureux est une fiction et personne n'en est dupe. C'est en fait d'une amputation qu'il s'agit, d'un renoncement qui la protège de son sentiment d'insuffisance. Elle est belle d'ailleurs mais ne se vit pas séduisante.

Elle ne se sent pas légitime à tenir des demandes parce qu'elle ne veut pas blesser mais c'est sans doute plutôt parce qu'elle est convaincue, au fond, qu'il n'y a rien à attendre, que ce n'est pas pour elle. Et puis elle a déserté depuis presque toujours d'être femme face à un homme.

De toute façon et comme toujours, que ce couple perdure ou pas, c'est le même chemin qu'elle a à parcourir. Elle a à s'explorer, à se vivre comme femme, pour elle-même et face à lui, et elle a à assumer des demandes plutôt que de laisser dormir en elle des plaintes silencieuses.

Alors le couple pourra se mettre en mouvement, bougé sans doute d'abord par elle, et il deviendra nourrissant, parfois conflictuel, vivant. Sinon il se finira sans doute mais, quoi qu'il en soit, le chemin qu'elle aura parcouru entre-temps l'irriguera, elle,, la rendra à la vie pour la suite.

Son ami, en mourant, en réveillant sa douleur, lui fait le cadeau magnifique de mettre au jour le vide, celui qu'il laisse derrière lui. Il lui offre d'avoir à apprendre à se nourrir elle-même. Et puis la violence de sa mort lui fait regarder sa vie en face et rend saillantes les questions qui sommeillaient. L'angoisse permanente de la mort sidère, paralyse, mais une conscience suffisante de notre finitude donne du relief à nos vies et nous pousse à en être acteurs. La mort est sans doute un retour à l'infini dont nous sommes issus et la prescience que nous en avons peut nous alléger mais nous vivons là, maintenant, et cette tragicomédie est courte. Il est précieux de s'en souvenir.

Dans ce retour sur elle, dans ce qui lui est offert de remettre en jeu il y a sa féminité. Elle aurait pu continuer comme ça longtemps, peut-être toujours, avec seulement la moitié d'elle-même. Ce drame va la rendre à son entièreté.

Et vous ?
Quel effet votre genre a-t-il sur vous ?
Comment habitez-vous votre genre ?

Est-ce qu'être homme ou femme pourrait être une danse, un théâtre joyeux des attributs sociaux qui vont avec sans en être prisonnier, sans rien rigidifier ?

Et si vous jouiez à être homme, à être femme ? Et si vous pouviez y prendre du plaisir ?

Il y a bien sûr une autre question que soulève cette séance et qui est plus d'ordre existentiel.

Êtes-vous suffisamment conscient de votre mortalité, de la fragilité, de la vie pour être pleinement vivant ?

SPIRITUALITÉ ET PSYCHOLOGIE

Nous avons donc une relation tendue, soupçonneuse, conflictuelle avec nos émotions, notre vécu et nous-mêmes. Nous nous évertuons à contrôler, à nier ou à fuir notre monde interne. C'est de là que vient notre souffrance. C'est le verrou. On ne peut pas juguler ce que nous ressentons parce que nous sommes vivants, en contact avec le monde et qu'un flux ne se contient pas, comme l'eau qui trouve toujours un chemin. Nous allons vivre des choses légères et joyeuses mais aussi des douleurs, des échecs, des déceptions.

Seule une tendresse chaleureuse, qui danse avec ce qui survient sans plus y apposer de filtre, nous offre du confort. Il nous faudrait accueillir ce qui est déjà là, le laisser être et le laisser partir comme on suit une vague qui se gonfle, gagne en puissance puis se fond dans l'océan. Cette répétition d'un regard chaleureux et ouvert mène naturellement à une spiritualité joyeuse. Pour autant l'élan vers la spiritualité se présente d'abord souvent comme une tentative de court-circuit de ce qui nous dérange en nous qu'il faudra aussi accueillir.

Le besoin de soulagement est souvent le moteur spirituel

Parce que nous avons peur d'avoir mal, de lâcher la rigidité dont nous croyons qu'elle nous protège, nous cherchons d'abord à faire disparaître, à écraser tout ce qui vient. Si ça ne fonctionne pas, si nous sommes encore touchés, si nous sentons encore des choses malgré nos efforts pour paraître « adultes », nous voulons alors contrôler, élaborer, dominer là où il s'agirait de nous prendre dans nos propres bras et de nous laisser soupirer du soulagement d'être reçus.

Certains d'entre nous, dans cette quête de faire avec, de contenir, se tournent vers la spiritualité. C'est un besoin fondamentalement humain dont l'éloignement nous ampute, c'est une dimension vivante de qui nous sommes, un jardin merveilleux mais c'est aussi souvent d'abord une tentative de solution, de fuite de là où nous nous heurtons à nous-mêmes.

La spiritualité, en effet, peut nous apparaître comme un moyen de ne plus avoir mal. Elle nous semble proposer une voie, des techniques même, pour moins souffrir et, bien sûr, cette proposition nous séduit. Nous voulons alors transcender, dépasser plutôt que de traverser. Nous voulons diluer nos colères dans l'amour universel et le pardon ou bien encore trouver une équanimité toute Dalaï Lamesque ou même parfois devenir purs esprits et se libérer des contingences humaines.

Bien souvent il s'agit autant d'une tentative de fuite par le haut de la souffrance psychologique qu'une identité qui pourrait être une carte de visite présentable dans le jeu social des vanités. On a trouvé là un raccourci qui nous allégerait des vicissitudes de nos personnalités, de nos souffrances, de toute cette banalité humaine parfois douloureuse et un moyen d'être mieux, différent, au-dessus. Évidemment il y a là un piège manifeste et revendiquer d'être sans ego ne serait-il pas à y regarder de plus près une assez remarquable manifestation… de l'ego ? Et entre nous, qui n'en a pas ?

Un retour à l'enfance

Bien souvent aussi ceux qui veulent bien se pencher sur ce qu'ils y bricolent peuvent voir comment leur construction enfantine trouve là une échappatoire, un prêt-à-porter parfaitement ajusté à leurs difficultés. Cela n'invalide en rien la quête et ce qu'on trouve en chemin. Mais ceux qui veulent bien retourner aux enfants pétris de revendications et d'inquiétude qu'ils sont, à leurs blessures, peuvent repartir de là, d'une traversée tendre et aimante des douleurs d'hier. Ils s'ancrent alors à nouveau dans leur personnalité, la traversent, la vivent plutôt que de la fuir. Sinon elle reste active et d'autant plus opérante qu'elle est niée. Ceux-là trouvent alors un socle nouveau à leur spiritualité qui n'offre sinon qu'une fausse sécurité.

Si on arrête de nier notre agressivité et nos narcissismes, nos peurs et nos envies d'être vus, nos souffrances, si on peut tout poser là, sur la table et assumer notre humanité entière on peut non pas s'élever mais s'ouvrir. La spiritualité émerge alors naturellement. S'élever suppose de se mettre au-dessus, s'ouvrir nous met en contact avec les autres et avec la vie.

Bien sûr et encore une fois, si nous pouvons essayer de regarder nos blessures avec tendresse, nous pouvons appliquer cette même tendresse d'abord à notre mouvement de fuite qu'il soit spirituel ou pas. Il s'agit toujours d'un chemin par étapes comme je le dis depuis le début. D'abord accepter que nous n'acceptions pas, d'abord accepter la réaction ou la fuite. Bien sûr nous fuyons la blessure comme nous pouvons. Nous faisons tout ce qui nous est possible pour échapper au manque.

Plus encore, notre recherche d'une complétude dans la spiritualité est fondamentalement un réflexe qui vient de cette demande d'amour enfantine qui craint de ne pas recevoir autrement. Une fois que cela sera vu, accueilli et embrassé nous pourrons traverser notre inquiétude et partir de là. La spiritualité, quand elle n'est plus ou pas seulement une fuite, quand elle n'a pas sauté par-dessus notre construction psychologique en la niant au passage, devient une ouverture à tout ce qui est comme jours neuf, sans défense, joyeusement parce qu'être au contact du monde est fondamentalement bon.

La psychothérapie mène naturellement à la spiritualité et la soutient

Pour se libérer de l'expérience vécue et de la manière dont elle nous conditionne, pour être plus libres de nos choix au présent, libres face à ce qui revient tout le temps il y a donc la possibilité d'abord, via un attachement sécure que l'on construit avec soi-même, d'accueillir en douceur les émotions qui viennent en écho à cette expérience. Par ce biais-là on crée aussi une relation douce et chaleureuse avec nous.

D'un autre côté la pratique de la présence, de la méditation par exemple, apaise mais permet aussi un accès à l'instant présent. Or l'instant présent c'est un espace dans lequel notre histoire n'est plus là. Il n'y a là ni retour sur le passé ni anticipation, et comme c'est notre histoire, nos expériences et nos projections qui créent la souffrance alors, quand nous sommes complètement au présent, il n'y a pas, plus de souffrance. C'est ce qu'amènent les réalisations spirituelles où il est question d'une désidentification de notre histoire, de nos pensées, de nos émotions.

Cette désidentification est d'autant plus accessible que notre personnalité est souple que nous avons justement « travaillé » à accueillir les émotions, à améliorer la relation avec nous-mêmes. Il est beaucoup plus facile de lâcher une identité assouplie qu'une identité rigide parce qu'elle revendique sa souffrance, prise dans des schémas récursifs permanents.

En cela les deux voies, la psychothérapie et la pratique spirituelle se rejoignent, se complètent, se conjuguent : la capacité à être à l'instant présent va permettre l'absence de retour des schémas mais l'accueil des schémas en douceur et l'amélioration de la relation avec soi vont permettre un accès plus facile à l'instant présent.

La relation avec nous, la dimension psychologique, simplifie et adoucit le mental. La présence et l'identification à la conscience, la dimension spirituelle en somme, le contournent et le laissent à une place plus juste d'outil de l'outil qu'il peut être pour nous.

S'élever, bien souvent c'est fuir et il n'y a de sortie que par le bas, dans cette conjugaison-là. Là comme partout, partir de nous, authentiquement et avec chaleur est un jardinage délicat, un artisanat de la répétition, appliqué et aimant… un chemin de la douceur.

Laurent : la relation, fuite ou engagement ?

Ce que nous faisons parle de nous, tout comme nos sujets de prédilection, nos passions et nos peurs. Dans la définition de nous, dans le récit que l'on en fait, il y a toujours une réaction à l'enfance, que nous essayions de nous en démarquer ou de nous en prévaloir. Laurent se définit dans le tantra.

Il navigue dans des stages de tantra et il en a fait un réel chemin de vie. Il y vit un épanouissement spirituel en même temps que des relations multiples aux femmes où la sexualité est une voie et où la liberté est un horizon à atteindre.

Pour autant, ce qui l'amène est du doute. Il dit dans la même phrase à quel point il a trouvé là sa place et qu'il est possible que ce soit, en fait, comme une fuite de la relation exclusive. Il est fin et authentique, il sait bien que cette question qui émerge le concerne.

Nous nous rencontrons en visio. Derrière lui, le motif du papier peint évoque une autre époque. Il est à cet instant chez son père. Il a rendu son logement. Il va se déplacer au fil des stages et des visites chez des amis et des femmes avec lesquelles il est en relation libre.

Avec lui aussi je vais chercher, en mécanicien encore, au pays de l'enfance. Là c'est du côté de la relation au père qui est omniprésent.

Il était dénigrant. Rien de ce que son fils faisait n'était suffisant. Il le dit manipulateur, volage, irrespectueux des femmes. Et puis il est parti, le laissant, encore enfant, à une mère malade, effacée. Bien entendu ce père a lui-même un passé douloureux mais il est un contre-modèle puissant. Ils ne se sont pas vus pendant trente ans.

Plus jeune, il a eu, lui, beaucoup d'amours successives et chaque fois qu'un engagement se profilait, il fuyait. Et puis il y a eu le tantra et il s'y est engouffré. Il dit qu'il a trouvé là sa maison et c'est en effet la parfaite sortie par le haut de là d'où il vient.

Dans le tantra il peut plaire aux femmes, à de nombreuses femmes, sans être le quasi-monstre qu'il voit en son père mais au contraire un homme respectueux de leur liberté et même celui qui les répare, presque les révèle à elles-mêmes. Il peut aussi y être grand, sage, accompli et c'est avec tout ça qu'il revient vers l'homme qui le dominait et qui l'a abandonné.

Quand je lui demande ce que son père dit de lui aujourd'hui il dit qu'il est impressionné par ce fils libre, séducteur, plein de réussite et on sent, malgré le travail de pardon qu'il dit avoir fait, que leur rencontre est rendue possible par cette réussite. Il est au-dessus aujourd'hui, dans la brillance de son accomplissement spirituel, financier, dans son rapport aux femmes.

Ce qui nous mène au spirituel est donc parfois d'abord une fuite de la souffrance. Aller chercher dans la mécanique identitaire ce qui s'y joue, revisiter le terreau psychologique, notre construction, c'est redéployer ce cheminement, l'ancrer dans le réel et lui donner un nouvel essor.

La question qui l'amène révèle tout ça.

On peut se demander si effectivement il ne fuit pas la relation dans la multiplicité. On peut penser que quand il dit qu'il se rencontre lui dans ces femmes c'est toujours dans ce qui lui plaît de lui.

On peut se dire que c'est en traversant l'engagement que l'on s'offre de s'aimer et d'aimer dans nos vulnérabilités, nos manquements et nos imperfections. On peut même envisager que la liberté à tout prix soit une prison et que la mettre face à l'autre comme un principe c'est prendre le pouvoir sur lui.

On peut penser qu'il spiritualise sa peur, celle de ne pas être aimé, de ne pas être aimable, celle qui vient de l'enfance et qui nous concerne tous.

On peut penser tout ça, on peut penser le contraire.

Mais surtout c'est en voyant à quel point sa spiritualité peut être une réparation narcissique, un moyen d'être grand là où il a dû se sentir petit, qu'il a devant lui une voie. Il sera paradoxalement plus cohérent, plus accompli en voyant ce qui s'y joue de la revanche, en y voyant la volonté d'être mieux, différent.

Chez lui peut-être, chez moi bien sûr, le petit garçon qui veut faire le grand sage, parce qu'il s'est senti blessé dans le regard de son père, n'est jamais loin. Le reconnaître, le voir et l'accueillir est un petit pas vers plus de sagesse.

Et vous ? À quoi votre construction fait-elle écho ?

La construction de notre identité est toujours, pour partie au moins, une réaction à notre enfance. Nous cherchons, comme nous pouvons, à nous sentir grands et normaux, à lutter contre nos peurs de ne pas être assez. Nous cherchons tous à combler nos fragilités.

Et vous ? Comment ce que vous essayez de montrer aux autres est une quête pour vous sentir exister dans leur regard ? Et est-ce que vous pouvez regarder ça avec une chaleur tout attendrie pour vos tentatives teintées d'inquiétude ?

Votre métier, vos choix d'adultes ont-ils une fonction liée à l'enfance ? Qu'en est-il de votre spiritualité ?

John, le chemin de la banalité

Ici la spiritualité est clairement un écho de l'enfance. À la suite de cette séance j'ai proposé à John une action concernant cette relation qui l'a tant fait souffrir. Une action dans le réel de la relation, ou bien de lui à lui, en écrivant une lettre qui pourrait avoir de multiples versions ou en effectuant une action rituelle en trouvant une manière de symboliser ce passage. Il s'est mis à rédiger ce pan de son histoire.

Il m'explique son vécu dans un maniement virtuose de notions psychologiques bien comprises. Il a une grande puissance intellectuelle et son récit, pourtant authentique et sincère, demande à être mis au jour, caché qu'il est derrière ces concepts qu'il maîtrise.

Je ne peux pas m'empêcher de me reconnaître dans cette défense par les mots qui tient loin des émotions, dans une sécurité de façade, et dans cette similarité se crée comme une fraternité qui déjà me touche.

Il est thérapeute. Il est très engagé dans un chemin thérapeutique et spirituel chamanique et y milite brillamment. Il cherche avant tout et de toutes ses forces, dit-il, une relation de couple, une relation « sacrée ». Il a une identité cohérente, réussie, construite mais tout ici est une réponse à son enfance, à son histoire qui affleure et s'invite encore dans les turbulences qu'il traverse.

Ses parents se sont séparés au moment de sa naissance et après un temps de garde alternée sa mère est partie alors qu'il n'avait pas dix ans, suivant un autre homme. Elle a abandonné la garde au père après des recours infructueux.

Il décrit un père alcoolique avec lequel il dormait faute qu'il lui fournisse un lit à lui, un père méprisant, qui lui interdisait de s'exprimer, contrôlant jusqu'à la maltraitance, jusqu'à parfois lui interdire d'aller aux toilettes. Il dessine sous mes yeux une enfance et une adolescence dans la prison d'un homme qu'il abhorre, un vrai connard dit-il. Sa mère, elle, sera la grande absente, un vide abyssal, jusqu'à sa majorité.

Un enfant maltraité et abandonné, la double peine, comme un rouleau compresseur.

Comme tous les enfants, au centre de leur monde, il n'a pu que penser que la maltraitance de son père et l'absence de sa mère étaient une réponse à son insuffisance, que s'il avait été différent les choses se seraient passées autrement. De cette période il a conçu bien entendu d'énormes attentes et un non moins énorme ressentiment, le besoin d'être validé et la rage de ne pas l'être, une véritable bombe à retardement.

Il a développé dès lors des compétences qu'on pourrait dire « réactionnelles » mais solides, remarquables, presque paisibles. Il a réussi au sens matériel de la plus belle des manières puis, rattrapé par sa quête de sens, il s'est tourné vers la spiritualité avec la même brillance, qui s'est articulée à nouveau comme une réaction à l'enfance.

Sa soif de reconnaissance intellectuelle, sa croisade pour faire comprendre de manière argumentée les incohérences des sachants scientistes quant au chamanisme, une mystique documentée et éprouvée sont autant de réponses à la suffisance du père qui continue à le dénigrer.

Son rapport aux femmes, parallèlement, a longtemps été de l'ordre de la consommation, comme l'expression combative de l'agressivité adressée à sa mère. Il s'est drapé par la même occasion pendant des années d'une indépendance affective qui le protégeait de la peur d'être à nouveau abandonné.

Son chemin chamanique a été du domaine de l'absolu, il s'y est engouffré et il y a beaucoup reçu, mais sans doute comme on attrape une corde jetée pour ne pas se noyer, à corps perdu, comme l'outil de guérison ultime et supérieur, comme une chute vers le haut.

Il n'y avait de solution qu'absolue, puissante, pour maintenir un narcissisme face à l'attaque destructrice des positions parentales.

Et ça a tenu. Ça a tenu jusqu'à ce qu'il rencontre un élan amoureux fou, définitif, connecté au divin qui l'anime, qu'il y voie l'idéal, jusqu'à ce qu'il rencontre cette femme, qu'il s'y brise quand ils se séparent et que tout s'effondre.

Il a fallu une réussite intellectuelle à la hauteur de l'humiliation paternelle, il l'a bâtie. Mais la relation à la mère et depuis elle aux femmes, là où se niche l'affect, la valeur que l'on se donne, lui explose là au visage et au cœur, dans la perte de cette femme.

Depuis, c'est une véritable dépression qui le ronge. Il l'admirait et en cela elle détenait le pouvoir de le soigner enfin. Il aurait pu y être enfin suffisant pour la réparer, y être enfin suffisant pour qu'elle ne l'abandonne pas. Il dit avoir connu là la relation « sacrée » et depuis c'est dans l'idée qu'il pourrait revivre cette épiphanie qu'est sa bouée.

Pourtant c'est en lâchant ce qui le tient la tête hors de l'eau, ce projet d'une relation mystique, suspendue, cette arlésienne, qu'il pourra plonger et traverser sa faille.

Comme d'habitude, c'est en retournant à la blessure infantile, comme on se laisse emporter vers le fond par le courant, en ayant la sensation qu'on va y rester mais en tenant sa propre main avec confiance, qu'il pourra se retrouver. Il se retrouvera épuisé, échoué sur la plage mais indemne et prêt à vivre chaque pas plus tranquillement, sans fuite, libéré de ses traumatismes dormants.

Le chemin que je lui propose est d'une simplicité et d'une difficulté insondables. Il lui faut retourner là, à l'enfance qu'il a déjà beaucoup revisitée. Y retourner avec plus de gentillesse. Retourner toucher avec douceur ce qui a été brusqué, son besoin de sécurité et d'être aimé.

Il s'agit d'abord de voir qu'il n'y avait pas d'autre solution pour ce garçon laissé à sa solitude et à l'effroi et que sa quête n'a été en rien un narcissisme déplacé dont il s'accuse souvent. Il s'agit de voir aussi qu'il n'y aura plus besoin de quête quand il aura suffisamment pleuré avec ce petit garçon qu'il était, qu'il n'y aura plus besoin de réparation quand il se sera consolé.

Il s'agit de se rencontrer suffisamment pour trouver une sécurité interne qui ne nécessite plus d'être décollé de lui-même, que le chemin pour cela est, après avoir encore pleuré, d'agir comme s'il s'aimait déjà, de partir de lui dans l'écoute de ses ressentis les plus simples, dans une chaleur délicate, sensible, concrète.

Il s'agit de se prendre tendrement par la main, au plus près de ce que murmurent son ventre, son cœur, pour aller d'un besoin à l'autre, d'une promenade, à un livre, d'une sieste à une musique, comme on propose une crêpe et un jeu qui le fera sourire à un enfant blessé.

Il a beaucoup à perdre à tout lâcher, lâcher un peu l'effervescence professionnelle, peut-être la quête spirituelle sans fin et surtout l'espoir d'une relation sacrée. Pourtant il n'y aura de sortie que par le bas et il l'entrevoit avec toute l'acuité qui l'a sauvé.

Il n'y perdra pas toutes ces choses qu'il a construites, rencontrées, qui deviendront des goûts plus que des valeurs, des envies plus que des besoins, des élans plus que des revendications inquiètes.

Contrebalancer l'humiliation a nécessité un narcissisme de combat qui l'a maintenu vivant mais c'est son humilité sensible, douce, maintenant qu'il n'y a plus de danger, qui le rendra libre.

Il a déjà fait le chemin de troquer la posture de gourou pour celle d'homme vulnérable. Il incarne déjà une spiritualité qui n'oublie pas, comme il dit, qu'il faut remplir son frigo et qui ne joue plus avec l'idée d'un éveil se profilant à l'horizon pour le placer définitivement au-dessus des autres.

Il ne lui aura fallu que quelques dizaines de minutes pour dire qu'être bien avec une femme avec qui il peut partager simplement du désir et l'envie de traverser ensemble leurs blessures, une camaraderie sans prétention, pourrait être un horizon enviable et suffisant.

Cette relation qu'il peut s'offrir en cadeau ensuite sera une relation « sacrée ». Elle aura de sacré d'être issue d'une sagesse quotidienne, faite d'histoires simples, magnifiquement banale en somme.

Et vous ?
Êtes-vous prêt à vivre pleinement votre banalité ?

Pouvez-vous simplement être banal ? Vivre qui vous êtes avec ce qu'il y a en vous de magnifique mais aussi de simplement humain, de perdu, de parfois égoïste, rigide ou même mesquin ?

Pouvez-vous imaginer ce qu'il y aurait de détente à cesser de vouloir être, de vouloir atteindre, montrer, et de vous ouvrir à ce qu'il y a de merveilleux là, dans ces oscillations de la vie quand elles sont bienvenues ?

La spiritualité ne serait-elle pas de voir le merveilleux dans le banal ?

Loïc, ou la peur de l'après-vie

Parfois, au contraire, la spiritualité nous fait peur et pour nous préserver de ce qu'elle a de vertigineux il nous faut construire des barrières dont la solidité s'éprouve. Loïc est au carrefour de ce qui le pousse vers là d'un côté et de ses défenses qui deviennent douloureuses et prennent l'eau de toute part de l'autre.

C'est un jeune homme discret, calme et intelligent. Il vient parce que son couple est en difficulté.

Il est tombé éperdument amoureux de sa compagne quand il l'a rencontrée. Ils sont ensemble depuis quelques mois et il a été soucieux d'être un compagnon attentif dans les débuts de cette relation. Il s'est montré très précautionneux avec elle qu'il décrit comme susceptible, sensible au moindre reproche. Il se veut patient, à l'écoute. Il est d'un abord très doux.

Mais récemment, lors de soirées, il s'est alcoolisé massivement et il a littéralement dégoupillé. Il l'a attaquée et insultée en lui reprochant violemment ce qu'il avait tu jusque-là.

Il vient pour ça. Il se sent évidemment coupable, mais il évoque aussi sa grande sensibilité et ses effondrements réguliers. Il a souvent peur d'avoir mal fait, de ne pas rendre ce qu'il reçoit. Il pleure beaucoup.

Il envisage régulièrement des scénarios catastrophes. Dès que son esprit n'est pas au travail il fantasme des pertes, des abandons, tous plus douloureux les uns que les autres. Il est très préoccupé par la mort, la sienne et celle de ses proches. Il a peur, dit-il, qu'il n'y ait rien après.

Il m'explique encore qu'il est obsédé par le temps. Puisqu'il nous est compté il n'est pas supportable d'être en conflit. Il a à cœur de régler les différends et il peut être très affecté par les peines, mêmes banales, de ses proches.

Je comprends petit à petit que tout est lié, que tout tient à sa peur de la mort et l'idée me traverse déjà que la croyance en un après lui donnerait de l'air.

S'il n'y a rien ensuite, après la vie, si tout est là, éphémère, alors il se veut irréprochable. Il ne faut rien gâcher. Sa peur de la mort le paralyse et, paradoxalement, éteint tout ce qui est vivant en lui. Il contient, écrase son agressivité, son narcissisme, son envie de dominer, son besoin de conflits, sa soif de vie.

Alors bien sûr tout ça le rattrape. Ce qui pousse derrière, enfermé dans le jeune homme bien sous tous rapports, vient toquer à la porte et il s'alcoolise pour s'autoriser à être vivant. Évidemment c'est inadapté et ça fait des dégâts.

Il aura, bien sûr, à formuler ses besoins et à assumer que c'est bien lui qui s'est tu par peur de ne pas être aimé et pas sa compagne qui l'a réduit au silence. Ils ont, en fait, la même peur de ne pas être aimables. Chez elle, elle se traduit par une réactivité à ce qu'elle prend pour des mises en cause. Chez lui, elle interdit tout débordement jusqu'à l'explosion. Sans doute pourront-ils se rejoindre là, reconnaître leurs fragilités ensemble et se rapprocher vraiment.

La mécanique psychologique est claire. L'interaction en miroir, la manière dont ils se répondent est visible mais elle semble ne se raccrocher à rien de l'enfance. Il n'y a pas eu de morts brutales, de pertes douloureuses. Rien ne remonte d'hier. Les parents semblent absents du tableau même s'ils sont présents dans sa vie.

Alors, à la fin de la séance, je reviens à son rapport à la mort, à ses croyances à ce sujet, et il dit qu'il a croisé des médiums, qu'il y en a dans sa famille, et que tous ont vu en lui des dons. Il raconte qu'il a d'ailleurs souvent vécu des phénomènes inexplicables, paranormaux.

Je relève que ces phénomènes impliquent que la mort ne soit pas une fin et je comprends qu'il est au bord d'une exploration de ses capacités spirituelles. Ce territoire lui donne le vertige. L'idée qu'il pourrait ne rien y avoir après l'a préservé de cette exploration mais elle l'a mené jusqu'à ses limites.

Il a dit plus tôt que, quand il a rencontré sa compagne, il a trouvé qu'elle avait tout ce dont il avait besoin. Elle a tout ce dont il a besoin effectivement, jusqu'à sa capacité à l'amener à remettre en cause l'édifice qui le protège et l'enferme en même temps.

On peut, bien souvent, voir les parcours spirituels depuis la construction psychologique qui les appelle. On peut voir comment la spiritualité peut être une compensation ou un miroir fidèle de schémas enfantins qui n'ont pas été assez vus et suffisamment accueillis.

Chez lui, à l'inverse, le schéma psychologique dont il souffre semble provenir de sa peur d'accéder à la transcendance, à un ésotérisme. En ouvrant la porte à un au-delà qui l'appelle, il pourra sans doute retrouver ce qu'il y a de vivant ici et enfin investir le présent dans toute sa richesse.

Et vous ?

Où en êtes-vous de votre spiritualité ?

Les preuves d'un invisible à l'œuvre pleuvent aujourd'hui mais où est la vérité ?

Votre vie peut être une série de causes et d'effets physiques ou elle peut être aussi un espace où la mort n'est pas une fin, où l'espace et le temps ne sont pas ce que nous avons cru, où tout est vibration et énergie.

Que sentez-vous ? Quelle est votre expérience ?

Et si c'était juste un choix ? Quel serait le vôtre ?

VIVRE SIMPLEMENT, SIMPLEMENT VIVRE

Si donc, comme nous l'avons vu, notre rapport à la spiritualité n'est plus une fuite de notre histoire ni simplement encore un écho de celle-ci, que nous avons traversé à nouveau les blessures et que nous avons pleuré ce que nous avons à pleurer, dissout pour une part nos schémas et nos émotions dans cette tendresse affectueuse pour nous-mêmes, si nous sommes suffisamment consolés et donc apaisés alors s'ouvre un champ vaste et libre. Bien entendu et comme je vous l'ai dit il est toujours déjà disponible mais la psychothérapie le facilite autant qu'il est, en lui-même, psychothérapeutique

Redécouvrir, consolés, le monde qui est là

Passée l'émotion s'ouvre l'accès à un calme vaste, un calme d'une grande simplicité qui a toujours été là derrière nos identifications bruyantes, revendicatives, hystérisées derrière l'agitation et les ruminations. C'est un espace tranquille et libre qui est d'une grande simplicité. C'est comme si, après avoir voyagé dans le vacarme de nos pensées défensives débordantes, nous retrouvions avec soulagement le silence, la simplicité de vivre et un élan curieux pour tout, pour chaque petit bout du monde que l'on a alors l'impression de découvrir.

Nous pouvons y retrouver une présence, ouverte parce que désencombrée de nous. Nous pouvons y trouver l'innocence qui accueille et qui s'émerveille que nous connaissions enfants, cette innocence d'avant la blessure, celle qui joue, pour qui le monde n'est pas dangereux puisqu'il n'y a rien à défendre. Quand on a été consolés de nos blessures, le monde n'est plus dangereux. Il n'y a rien à anticiper, à revendiquer, pas de risque dont il faudrait se prémunir, et on peut regarder tranquillement ce que notre agitation anxieuse nous cachait.

À mesure que notre rumination névrotique sans fin s'apaise, se calme dans l'amour reçu, dans la préoccupation aimante que l'on s'adresse on inaugure ce champ plus ouvert dans lequel on peut s'aventurer. Évidemment on s'y cogne parfois, on vit de la douleur puisque la vie en offre, mais sans plus en créer tout seuls, sans en ajouter par les incessants discours qui disent et illustrent nos drames.

Il n'est pas question de ne pas souffrir mais nous savons qu'on pourra appliquer là aussi, là encore, cette douceur qui accueille. On peut la vivre sans y résister cette souffrance si elle survient et prendre soin de nous face à elle comme nous en avons besoin plutôt que de nous raidir, de nous juger, de dire non. On peut arrêter de créer de nouvelles boucles, de nouvelles crispations qui sont des machines à ajouter de la difficulté, à en générer. On peut essayer de dire oui, faire confiance en notre capacité à traverser, et se détendre parce que nos refus sont infantiles et qu'ils ne font que nous bloquer encore plus.

Accueillir

Notre souffrance, au-delà du contenu de l'histoire que nous avons évoqué jusqu'ici, est faite de crispation, de revendication, d'identification à ce récit sur nous que nous tenons à toute force. C'est dans le discours intérieur que l'on trouve l'histoire, c'est dans le fait d'y croire qu'il y a notre identification.

La pensée qui nous crispe est bien souvent faite de résistance, de jugement, d'anticipation anxieuse à partir de cette identification. Elle part de la blessure, et cherche, par peur, à tout contrôler. Cette crispation empêche le mouvement de ce qui pourrait changer et ajoute de la douleur à ce que nous ne pouvons pas modifier. Mais surtout la pensée qui critique, juge, rumine, prend toute la place.

La traversée de notre histoire, des émotions qui vont avec, va la rendre moins puissante, moins revendicative. Pour autant ne luttons pas contre elle, accueillons là. Laissons-la passer parce que, si nous ne lui donnons pas corps et densité en la suivant, elle s'évapore. Quand elle est prise pour ce qu'elle est, quand on voit qu'elle n'est pas solide elle se calme et alors tout se calme, le brouhaha, l'agitation.

La pensée, comme les croyances qui en sont faites, n'est pas consistante, tangible, vraie. Elle n'a que la solidité qu'on lui donne. Quand nous comprenons que si nous pouvons l'observer alors c'est qu'elle n'est pas « nous », quand nous voyons sa volatilité, elle cesse de se solidifier, de prendre tant de place et laisse de l'espace au silence.

Notre monde est fait des idées que nous avons qui sont comme sa structure, son canevas. Bien souvent on peut faire l'expérience qu'en lâchant simplement une idée sur nous, les autres ou le monde, une idée qui n'existait que parce que nous la tenions, tout change. Notre géographie se modifie, s'ouvre, s'aère.

Quand nous pourrons laisser toutes ces croyances, toutes ces idées, jusqu'à notre personnalité même, alors nous serons complètement libres. Il s'agit pour cela de laisser le passé derrière parce que le mental, la pensée, la croyance c'est la création d'une séquence, d'un attendu. Si l'on fait de l'espace et si on est au présent alors tout est nouveau, frais, sans a priori et donc à découvrir. Consolé et rassuré on peut plus facilement s'y laisser aller.

Tout, comme si c'était la première fois

Depuis cet endroit tranquille, regardons autour de nous à nouveau. Tout est toujours neuf, tout nous convoque, tout nous invite. En contact sans plus de méfiance avec nous-mêmes, nous pouvons partir de nos envies, de notre corps, tranquillement.

Le corps vit. Le monde chante. Ensemble ils dialoguent. Écoutons, sentons, regardons, comme si c'était la première fois, accueillons ce qui s'y présente. Notre corps est là, la vie est là, le goût du café, la lumière qui entre par la fenêtre, le son d'une voiture qui passe, notre respiration qui nous sculpte du dedans et qu'on peut savourer. Simplement.

Et le voilà ce célèbre instant présent, sans qu'on lui coure après, sans effort. Il n'a ni début ni fin, il est immense. Nous respirons, nous ressentons, nous sommes au contact de tout. Nous pouvons danser avec le monde dont la pensée nous sépare si souvent. Nous y sommes toujours intensément connectés. On peut même dire, sentir, qu'il est nous et que nous sommes lui mais c'est une autre histoire.

Dans ce calme sous-jacent qui est venu de la traversée des émotions une sensation survient, une réaction, une douleur liée à une émotion ? Approchons-nous plutôt que de la fuir, de l'apaiser par tous les moyens. Le corps sait faire. Installons-nous dedans comme si on pouvait s'y asseoir et visitons comme on le ferait pour un tableau ou un paysage, avec curiosité, sans juger, sans même étiqueter si nous le pouvons, tendrement.

C'est un paysage mouvant. Laissons-le évoluer en le suivant de près. Laissons voyager ce qui est là. Le corps le traite, le prend en charge. Il fait ce qu'il faut. Observons. Laissons être, touchons avec délicatesse, soyons des témoins curieux et attentifs, goûtons.

Notre intervention n'est qu'une résistance à ce qui se fait. Le problème n'est jamais la sensation, l'émotion ni même la pensée c'est la résistance que l'on y oppose et le discours qu'on y ajoute. Suivons la sensation, berçons la doucement, jusqu'à ce qu'elle disparaisse remplacée par une autre ou bien qu'elle prenne une place acceptable pour le moment et sentons encore ce qui ne bouge pas, en fond, le calme permanent dans lequel tout se passe.

En étant attentifs aux mouvements qui nous traversent sans essayer de modifier quoi que ce soit nous nous installons dans un flux sans crispation en même temps que nous construisons encore et encore une affinité avec nous-même, une base tranquille et dansante dans laquelle nous ne risquons rien.

Nous pouvons y trouver cette spiritualité simple qui est la célébration d'être là, qui n'est plus une fuite vers le haut mais un retour à la respiration qui nous anime, au bonheur organique, au frémissement miraculeux du vivant qui habite le calme que nous sommes, à une spiritualité qui accepte la souffrance, les hauts et les bas, la vie telle qu'elle est et nous-mêmes tels que nous sommes, un être au monde qui goûte tout. Sentons la vie en nous, c'est indicible, inexplicable, à peine croyable.

De traverser nos traumas avec une chaleur généreuse pour nous-mêmes nous a indiqué la précarité de toute chose et nous a mis en contact justement avec le miracle de ce qui est, l'a mis en lumière. Si tout est si fragile alors tout est précieux.

Nous pouvons prendre très délicatement dans nos mains notre souffrance, comme un oisillon fragile, une fleur délicate et quand nous en aurons pris soin nous verrons comment le vivant est tout aussi fragile et délicat. Nous adoucir, nous prendre avec chaleur nous ouvre naturellement cette voie.

Olga, reprendre conscience de la préciosité de la vie

Une conscience aiguë de la mort peut nous paralyser mais nous savoir mortels donne du prix à tout ce qu'il y a à goûter. Olga a dû aller jusqu'à envisager de mourir pour se donner le droit d'être, pour envisager d'arrêter de courir et pour vivre la vibration symphonique du monde à travers ses sens comme si c'était la première fois.

C'est en fait une deuxième séance. Je l'avais reçue il y a quelques semaines. Elle était débordée par les attaques qu'elle dirigeait contre elle. Elle était passée par les urgences parce que sa souffrance était telle qu'elle voulait mettre fin à ses jours.

Elle se vivait insuffisante, inadéquate et était au bout des efforts qu'elle avait faits pour se plier à ce qu'elle pensait nécessaire, des efforts pour s'adapter à un travail et à une vie familiale qui mettaient en cause ses valeurs sans qu'elle s'autorise un positionnement.

Elle n'arrivait pas à s'opposer aux règles administratives de son poste qui faisaient que le projet humaniste de départ était corrompu. Elle n'arrivait pas à tenir chez elle ses idées éducatives pour ses enfants face à un mari autoritaire. Elle s'en voulait partout, se désignait comme responsable de tout. Elle devait tout comprendre, tout accepter et se retirer devant les volontés des autres, se retirer puisqu'elle se vivait plus comme un poids qu'un apport, se retirer jusqu'à disparaître, jusqu'à mourir.

J'avais juste pu mettre au jour cette brutalité et cette manière qu'elle avait de s'excuser d'être là, proposer un regard un peu moins jugeant. Elle était même désolée que le psychiatre des urgences lui ait fait un arrêt de travail parce qu'elle se disait que ça pourrait lui causer des ennuis... à lui. Elle était dépassée, submergée. Elle avait été hospitalisée.

Elle arrive différente. Son visage est détendu et son propos est bien plus doux. Il y a dans son regard une lueur qui fait penser qu'elle a découvert quelque chose de beau.

Elle dit qu'elle se sent mieux, que des envies reviennent doucement, qu'elle a eu l'élan de se promener, que ces derniers jours elle a connu à nouveau de la joie, qu'elle a senti avec plaisir l'air sur sa peau, qu'elle a trouvé belles les couleurs de l'automne, qu'elle a même ri du plaisir de faire sonner un tambour dans un atelier.

Quand je demande ce qui a permis ce virage heureux elle dit que l'hospitalisation l'a dégagée de toute responsabilité, qu'elle n'y est en charge de rien, que le temps s'y ouvre pour créer un espace sans pression où elle a pu rencontrer sur la pointe des pieds cette nudité des instants simples.

En dehors de ses rôles, des liens, du quotidien, elle a pu s'arrêter et écouter si quelque chose venait d'elle quand plus rien n'était demandé.

Je souligne avec elle que cela révèle en creux que le reste du temps elle se sent responsable de tout et puis qu'il a fallu toucher l'extrémité de ses ressources pour avoir le droit d'avoir cet espace, ce temps où elle peut juste se tourner vers elle, avoir le droit de partir d'elle-même pour faire un pas.

Je lui demande si elle peut s'offrir dans son quotidien des promenades comme celle dont elle parle, de l'air pour ne pas en arriver à ne plus en pouvoir. Elle répond qu'elle pouvait le faire dans la nature mais pas en ville autour de chez elle parce qu'il y avait des gens, à moins qu'elle ait été avec ses enfants ou son mari, qu'elle ait promené le chien, qu'elle soit accompagnée en somme.

J'imagine alors que c'était parce que dans ces cas-là, à cette condition, elle pouvait se vivre comme étant utile. Mais c'est bien plus fondamental que ça.

Ce qu'elle dit c'est que lorsqu'elle était accompagnée cela lui conférait un statut. Elle était la femme de son mari, la mère des enfants, l'amie de ses amis ou même la maîtresse du chien. Sinon, si elle s'était promenée seule, elle aurait été juste elle et ça n'était pas possible, pas assumable dans le regard des autres. Elle ne pouvait exister que par rapport à quelqu'un d'autre. Elle ne pouvait pas être là les mains vides, être, être tout court.

Son récit dessine le canevas même de notre souffrance. Il en est comme le schéma premier, l'ossature. Nous avons tous pensé qu'il fallait correspondre, cocher des cases pour recevoir de l'amour mais ce qu'elle décrit c'est l'illégitimité de son existence en elle-même.

Non pas qu'elle avait le droit d'être aimée sous conditions, si elle faisait ce qu'il fallait, si elle était aidante, si elle correspondait aux attentes des autres, mais qu'elle n'avait simplement pas le droit d'être pour elle-même, en dehors des autres, d'être seulement. Alors évidemment il n'était pas question de faire des demandes, de défendre quoi que ce soit, de prendre de la place, de déranger.

Son récit montre aussi la voie de sortie, ce court-circuit de la souffrance. Il est là, dans ces moments simples où, en dehors de toute demande qu'elle a pour elle-même, en dehors de tout projet, elle peut juste sentir, goûter, comme elle l'a fait, l'air sur sa peau, les couleurs des feuilles et le plaisir enfantin d'un son sans autre but que lui-même.

L'hospitalisation l'a sortie de cette ronde incessante de ses boucles intérieures et il a fallu ça pour qu'elle puisse, en dehors du tourbillon, se sentir vivre sans justification. S'il fallait qu'elle se trouve des raisons pour continuer à vivre, alors être, sans condition aucune, et y prendre du plaisir est un soulagement autant qu'un socle, un nouveau départ.

Bien sûr elle va avoir à explorer le continent touffu de ses empêchements. Elle va devoir retourner à sa vie et voir ce qu'elle veut y changer, à son mari qu'elle aime profondément. Elle va devoir apprendre à vouloir pour elle-même, à se sentir coupable et à continuer quand même, à négocier autour de ses besoins, à faire machine arrière parce qu'elle se sentira illégitime, à y retourner, à voir comment en elle les contradictions se dessinent, à se rencontrer finalement et à prendre le risque d'exister avec et face aux autres.

Elle aura à voir aussi que c'est elle qui se maltraite et s'en demande tant à travers ces autres, que ces autres ne lui font rien.

Mais elle pourra aussi explorer encore ce sentiment d'être sans but et en faire une île et un point de départ. Elle a appris à méditer lors de cette hospitalisation, elle a appris cette expérience d'être ici sans action, sans attente de résultat. Elle dit d'ailleurs être questionnée par la spiritualité. Elle y a découvert ce cadeau-là de ce qui ne dépend de rien. Elle pourra se l'offrir encore, comme parsemé dans sa vie, ne serait-ce que quelques minutes.

Dans cette rencontre, à la croisée de ses schémas relationnels qu'elle va soigner doucement et de cette conscience enfantine de l'instant, elle pourra petit à petit construire sa liberté.

Trouver de la joie dans la présence simple est à l'opposé de l'idée suicidaire qui dit que les conditions de notre légitimité à vivre ne sont plus réunies et que la souffrance est insupportable. C'est aussi une voie d'exploration sans limite de ce que nous sommes au-delà de notre personnalité, au-delà des schémas.

Je m'étais inquiété pour elle lors de notre première rencontre. Elle m'aura fait venir des larmes douces au bord des yeux lors de la seconde. Entre les deux, dans cette parenthèse que sa douleur lui a offerte, elle s'est rencontrée nue.

Et vous ? Sentez-vous la vie en vous et partout autour ?

Vous pouvez sentir, les yeux fermés peut-être, que vous êtes vivant. C'est indéfinissable mais quelque chose anime votre corps. Vous pouvez sentir la vie.

Avez-vous déjà seulement pris ce temps ?

Vous êtes vivant avant d'être quoi que ce soit d'autre. Cette sensation se suffit à elle-même. Il n'y a rien à y ajouter.

Sentez, explorez dans le silence au-dedans.

Cela n'a rien à voir avec votre nom, votre âge, votre profession ou votre personnalité. Vous pouvez d'ailleurs, en pensée,

modifier chacun de ces paramètres, la sensation d'être, juste être, reste la même.

Imaginez que la pensée se taise et vous y êtes. Allez à la rencontre de cet espace intérieur immense.

C'est là avant toute narration sur vous, avant tout projet. Ce silence premier contient tout. Tout y émerge et y retourne.

Prenez-vous parfois le temps de goûter ce silence en amont de tout ?

Et à partir de là pouvez-vous voir comme tout ce qui advient est un émerveillement ?

THÉRAPEUTE ?

Thérapeutes, nous le sommes tous un peu, des uns et des autres et de nous-mêmes. Nous avons tous un avis que nous le donnions ou pas, des idées, des conseils, des conclusions. Quelques-uns d'entre nous le font à plein temps en en faisant un métier. Peut-être est-ce parce que nous en avons plus besoin que les autres. Oui peut-être mais ça ne nous dit pas comment, à partir de quoi et surtout pour aller où ? Et si là aussi il était question d'un chemin de douceur ? Ce serait logique non ?

Comment faire ?

Il faudrait pour nous les thérapeutes, si nous voulions nous assurer de bien faire sans l'incertitude et sans les aléas de la relation, un pack qui dirait d'abord ce qui est normal et ce qui ne l'est pas, les causes bien sûr, et aussi les solutions qui vont avec. C'est ce que le sérieux scientifique nous commande. Le sérieux scientifique c'est la moindre des choses non ? Mais si l'on prend la peine de regarder ça d'un peu plus près est-ce bien si sérieux de l'aborder comme ça ? C'est loin d'être sûr comme nous allons tout de suite le voir et puis où serait la chaleur ?

En effet ce que l'on pense comme normal ou pas dans une société est subjectif, changeant, liquide et on n'est pas fou, mal, de la même façon partout. Les manières de soigner aussi sont très différentes d'un endroit, d'un groupe, d'un moment à l'autre. Et pourtant les soins soignent, d'où qu'ils soient, qu'elles qu'en soient la culture et la représentation. Alors où est la norme ?

Les théories, si l'on s'y penche, sont en fait si nombreuses et si différentes les unes des autres qu'on pourrait presque se demander si ce n'est pas leur seule existence qui compte. Peut-être ne seraient-elles que des constructions, des outils, même si elles peuvent nous mener à bon port ?

De toute façon, si l'on voulait savoir par quel bout prendre les choses, il faudrait savoir comment ça marche et le comportement humain est le fruit d'un nombre bien trop important de variables pour ça. Il est déterminé par… tout. Pour comprendre ce qui vous a mené à lire ce texte maintenant, à l'endroit où vous êtes à cet instant, de la manière dont vous le lisez, avec les pensées qui vous viennent, habillé comme vous l'êtes… il faudrait avoir accès à l'ensemble de ce qui a précédé ce moment dans à peu près tous les domaines.

Lâcher la position de surplomb de celui qui sait

Décider ce qu'il est pertinent de regarder ne serait-il pas déjà un choix impossible ? Alors peut-être est-ce moins le contenu de la théorie qui importe que sa simple présence même si elles sont utiles, nécessaires même. Peut-être nous faut-il juste une explication que l'on se donne ensemble, que ce n'est pas la vérité qui soigne, mais la relation, le fait d'établir un pont entre l'autre et nous, un pont concerné et ouvert, un pont accueillant.

Cela supposerait que nous puissions, dans les relations d'aide, dans les relations tout court, abandonner l'idée du vrai et laisser avec elle la sécurité, le confort de ceux qui savent, et le pouvoir qui va avec.

On y gagnerait un espace où le lien pourrait se déployer, on y gagnerait de l'air, la possibilité d'accueillir ce qui vient. On y gagnerait de la présence, de la douceur, la possibilité de rencontrer vraiment celui qui se tient face à nous.

Ce que nous pouvons sans doute faire alors c'est offrir que l'autre s'appuie sur nous pour qu'il se rencontre et s'accepte. En fait, si on veut être clair il s'agit de l'aimer pour qu'il s'aime. Nous pouvons d'abord, pour qu'il se rencontre, voir depuis lui, s'asseoir à ses côtés et sentir, goûter son point de vue, l'accueillir, le valider… et puis l'aimer.

La curiosité suspend le jugement

C'est en tout cas d'abord une visite et il s'agit donc de choisir une posture que nous pourrions qualifier d'ethnologue plutôt que de colon. C'est là, sans doute véritablement, la moindre des choses. Le colon prétend savoir. Il explique aux autres comment ils devraient faire depuis une position haute, qui incarne la norme. L'ethnologue, lui, demande avec curiosité comment on voit les choses ici. Il dit : « Comment vivez-vous ? Racontez-moi » Il essaie de comprendre sans juger, il s'immerge.

Nous vivons tous dans des mondes dissemblables, uniques, avec nos croyances, nos expériences, ce qui est important, sensible pour nous et ce qui ne l'est pas. Ils sont constitués, ces mondes, non pas des faits mais des histoires que l'on se raconte. Pour envisager le monde d'un autre il nous faut donc suivre son chemin, son récit et regarder avec lui à quoi ça ressemble de sa fenêtre.

Nous avons pour ça la curiosité pour ce qu'il décrit à offrir et nous avons aussi nos émotions comme aiguillon parce que ce que l'autre nous fait vivre, ce que l'on ressent à son contact, est aussi un tableau de son pays, de ce qu'il vit dans les relations, de ce qu'il y crée, un tableau moins visible mais tout aussi parlant. Ce que l'autre fait avec nous est ce qu'il fait partout. Comme nous.

En dansant la danse où il nous entraîne nous la voyons et nous nous voyons danser ensemble. Nous y trouverons ces schémas premiers et leurs déclinaisons. Pour cela il faut se laisser toucher, pour cela nous devons rendre sensible cet outil que nous sommes, en faire un diapason et nous ouvrir à notre vulnérabilité, nous laisser toucher, ne pas être trop encombrés de nous pour ne pas que notre monde prenne toute la place.

Alors de ses redites que nous vivons ensemble et de ce qu'il en dit nous pourrons déduire les blessures et les toucher doucement. Ce qui s'y rattache de douloureux peut alors être vécu sans qu'il y oppose sa défense habituelle qui est son ornière. La libération de ce qui peut être libéré vient de là.

Nous intéresser à celui qui est là, lui rendre visite, d'accord mais l'aimer ? Aimer ne se décrète pas me direz-vous. Et puis bien entendu nous avons des jugements sur les autres. Nous jugeons tous, tout le temps.

Pourtant la curiosité est une véritable autoroute pour l'amour. On ne peut pas être curieux et juger en même temps. La curiosité, comme l'amour suspend le jugement. Et puis l'intérêt, la curiosité pour l'autre nous mène invariablement, de couches en couches, aux failles, aux blessures derrière ses défenses, à l'enfant blessé.

Elles sont toujours finalement, ces défenses, des demandes d'amour insistantes qui prennent parfois des allures de revendications, de plaintes, de fuites ou de méfiances.

Il y a l'humanité de l'autre dans cet abysse et nous ne pouvons que nous y retrouver parce que nous sommes nous aussi des enfants blessés en demande d'amour et nous sommes nous aussi, défensivement fuyants, revendicatifs, victimaires.

Nous sommes semblables

C'est de cet endroit, où nous nous reconnaissons semblables, souffrants et perdus, que naît un regard positif, bienveillant. L'aide se situe sans doute aussi, au-delà de toute technique, d'abord peut-être là. Il est question de donner un peu de fraternité, de ce qu'il y a de commun et un peu d'inconditionnalité, de douceur encore, là où nous nous jugeons tant. Alors l'autre peut s'appuyer sur ce regard bienveillant pour modifier le sien.

C'est ce que nous avons à faire pour nous-mêmes, c'est ce que nous pouvons faire pour l'autre. D'ailleurs en le donnant à l'autre, nous apprenons à nous le donner à nous.

Et nous justement alors ? Et moi me direz-vous parce que vous avez suivi mon propos et que vous savez donc que je suis concerné dans mes séances et dans ce texte. Moi ? Je suis bien sûr dans chacune de ces lignes. Dans tout ce que j'ai écrit, bien sûr, c'est à moi que je parle. J'écris ce qu'il me faut entendre. Je l'écris parce que je ne l'ai pas encore pris.

Je dis, par exemple, que nos émotions sont précieuses, qu'elles nous indiquent nos failles, qu'elles sont des occasions de nous consoler doucement d'hier et d'aujourd'hui, qu'en leur disant oui, on se dit oui à nous. Mais, le plus souvent je rejette les miennes, je suis brutal. Je trouve ma colère immature, ma tristesse puérile, mes peurs ridicules.

Je parle de la violence avec laquelle nous nous traitons, de la douceur, de la tendresse que nous pourrions nous accorder. Je dis que nous pourrions toucher avec délicatesse tout ce qui vient en nous et le laisser être pour qu'il s'apaise. Mais je me malmène, me juge, me trahis et, quand je m'approche avec délicatesse, j'en suis ému, surpris. Je dis qu'il nous faut bien sûr arrêter de lutter et je lutte de toutes mes forces.

Et puis parfois… parfois seulement mais parfois quand même… je suis tendre avec moi, un peu tendre. Parfois je m'accueille, me soutiens, et chaque fois que j'y parviens, quelque chose se relâche, se soulage et c'est bon. Chaque fois c'est comme une bouffée d'air, de l'eau fraîche. Cet espace que je crée alors chez moi s'offre aussi à l'autre en face qui peut s'y trouver en miroir, y trouver la même tendresse.

C'est à moi que je parle bien sûr. C'est à l'autre aussi, à vous maintenant. Ce que vous en prenez est un pont. C'est ce qui nous relie. Nous poussons ensemble les murs de ce que nous voulons bien de nous, en voyant, en comprenant, en acceptant, jusqu'à, peut-être, un jour, nous prendre entièrement, pleinement et retrouver le champ immense de notre liberté.

La relation d'aide en tout cas est une occasion de croissance, pour nous comme thérapeutes et pour nos patients, dans l'exacte proportion du degré d'acceptation de nous et de l'autre que nous pouvons y vivre.

Alors, encore une fois, de la curiosité, de la lenteur, de la douceur.

Valérie, tous dans le même bateau, toutes voiles dehors

L'interdépendance de tous, de toute chose, parfois nous apparaît clairement. Alors se soigner soi et être là pour d'autres prend un tout autre sens.

C'est une femme d'une grande finesse. Elle est thérapeute, elle vit en Suisse. Nos consultations ont lieu en visio. La pièce qu'on voit derrière elle est raffinée, tout comme sa voix posée et délicate. Il est question d'elle dans ces séances, c'est sa demande principale, mais aussi de ses patients parce que, bien sûr, tout est poreux.

Elle décrit une séparation douloureuse il y a quelques années et un parcours qui s'est ensuivi où elle n'a pu compter que sur elle. Elle a quand même fait le choix d'une installation en libéral et son activité fonctionne bien.

Ses interrogations sont fines. Je peux voir comment sa justesse et son souci éthique permanent d'être à la bonne place doivent être confortant pour les gens qu'elle reçoit. Les échanges avec elle me nourrissent beaucoup sans d'abord que je sache exactement comment.

Quand son vécu actuel nous ramène à l'enfance, ce qui émerge ce sont des agressions sexuelles à répétition. Sa mère la confiait quand elle était petite à une femme qu'elle connaissait. Le fils de cette femme l'a agressée pendant des années. Évidemment c'est d'une violence inouïe.

Elle n'a pas été entendue quand elle en aurait eu besoin et elle a commencé là à construire, faute de mieux et dans une solitude abyssale, la capacité à s'occuper d'elle toute seule.

Elle a réussi à trouver, encore petite fille, des anxiolytiques qu'elle prenait quand c'était trop difficile. Elle a géré seule les pulsions sexuelles qui lui venaient quand elle regardait des magazines dans la boutique de ses parents, en réaction aux agressions qu'elle subissait, ces fantasmes qu'elles jugeait comme déviants et monstrueux.

Elle dit qu'elle a trouvé un soulagement quand elle a eu un vélo pour aller dans cette maison où elle devait passer le mercredi, sans aucun choix bien sûr, et où elle subissait ces agressions. Non pas qu'elle pouvait partir plus tôt et se protéger mais comme elle y allait seule elle était alors sûre qu'elle ne pourrait pas y rester, oubliée par ses parents.

Elle a conçu à partir de là une indépendance et une force spectaculaire mais évidemment la blessure de n'être pas soutenue, en plus de cette effraction terrible, est restée là, agissant en sous-main.

Là où on aperçoit sa blessure, ou plutôt ses conséquences, c'est qu'elle ne peut pas faire de requête sans raison valable. Sa justesse, son souci éthique d'équilibre viennent aussi de là. Demander lui est difficile et il ne faudrait surtout pas qu'elle ait une demande irrationnelle, discutable, qui parte de son émotion. Elle doit être indépendante et elle n'est pas légitime à demander.

Au cours d'une séance, elle me parle de sa sœur qui vit près de chez moi et qui lui a dit qu'elle avait envisagé un suivi avec moi avant de savoir qu'elle était ma patiente et de renoncer. C'est une drôle de coïncidence. Elle est à des centaines de kilomètres de ma ville et sa sœur, elle, est toute proche. Quelques semaines passent.

Et puis cette sœur me contacte. Il n'est pas question de suivi. Elle me dit que mon nom lui revient, qu'elle a donc décidé de m'appeler, qu'elle fait une formation en systémie, qu'on pourrait peut-être se rencontrer pour en parler, qu'elle envisage un stage dans le centre de thérapie familiale où je travaille un jour par semaine. Je réponds qu'on peut s'y voir, convaincu qu'elles en ont discuté ensemble.

À la séance suivante Valérie me dit qu'elle a vu sa sœur, qu'elle a essayé de lui dire que c'était compliqué pour elle qu'elle me sollicite, qu'elle ne s'est pas sentie entendue mais qu'en même temps, au vu de la difficulté à trouver un stage dans ce domaine, elle ne peut pas l'en empêcher, que ça ne serait pas juste.

Je réponds que si, bien sûr, elle peut en parler à sa sœur, que justement elle peut faire une demande en fonction d'elle, au plus juste de son ressenti même si c'est difficile pour sa sœur, que j'aurais dû vérifier auprès d'elle qu'elles en avaient parlé, que j'en suis désolé et qu'elle est la priorité sans équivoque. Ma réponse l'émeut évidemment.

Nous nous mettons d'accord pour dire que c'est une occasion de positionnement à partir d'elle, qu'elle va lui en parler, insister pour être entendue, décider quelque chose et que je m'y conformerai.

Sa sœur m'envoie un message très touchant quelques jours après. Elles ont discuté, elle renonce au stage et à une rencontre et elle nous souhaite, à Valérie et à moi, un beau chemin thérapeutique.

Ici c'est l'action dans le réel qui permet. Ce qui sera utile c'est qu'elle ait été prise en compte aujourd'hui dans un moment de vulnérabilité là où cela n'avait pas été possible hier.

C'est de là que naît la possibilité d'une demande qui, elle, sera thérapeutique, correctrice de cette illégitimité construite dans le trauma et de cette autonomie raisonnable mais contrainte qui en résulte. Cette indépendance a été sa défense mais elle est aujourd'hui sa prison.

À la séance qui suit Valérie me parle de tous ces domaines où elle échafaude actuellement une légitimité suffisante pour se positionner, partir d'elle. Elle se l'est offerte en se positionnant malgré ses réticences. Je m'en réjouis avec elle.

Je suis touché et, comme toujours quand il y a de l'émotion c'est qu'un pont nous a reliés. Je sens que m'être positionné pour elle au risque de déplaire à sa sœur était important pour elle mais aussi pour moi qui suis à ce moment-là de ma vie dans un cheminement parallèle au sien où il est question aussi de positionnement.

Et puis, de fil en aiguille, la connexion via l'émotion s'élargit à d'autres. Je pense d'abord à comment se désister malgré les enjeux a pu être structurant pour sa sœur aussi.

Et puis je pense à cette amie qui m'a raconté comment d'avoir retraversé son enfance avec un regard plus bienveillant pour elle lui permet maintenant de prendre position dans sa relation avec son frère.

Je pense ensuite à ce patient en prison, séparé de sa femme et de son tout jeune enfant, et que j'encourage à se légitimer pour donner son avis sur l'éducation malgré la culpabilité qui le ronge.

Je pense aussi à cette patiente dont l'agresseur vient d'être lourdement condamné et qui trouve dans cette reconnaissance la force de prendre position face à sa mère qui, elle, ne la reconnaissait pas.

Je pense encore à cette autre patiente qui, après un travail thérapeutique sur les violences qu'elle a subies, vient de démissionner d'une fonction qui l'envahissait.

Je pense enfin aux patients que Valérie va pouvoir accompagner elle-même différemment dans ce cheminement. D'ailleurs elle m'a parlé d'une femme qu'elle aidait à trouver un centre solide en elle depuis lequel elle pourrait s'élancer et prendre une place.

Et c'est comme une chaîne de liens récents qui apparaît. C'est comme si un acte à un endroit en facilitait un autre ailleurs, comme si nous étions reliés dans une immense toile et qu'appuyer sur un fil ici ou là modifiait l'ensemble.

Nous sommes plusieurs à traverser, comme main dans la main, ce sujet ensemble, comme s'il y avait une sorte d'effet domino dans lequel la force des uns serait comme transmise aux autres. Je ne sais pas si cette chaîne s'arrête quelque part. Nous sommes tous interconnectés.

Ce que je sais c'est qu'en évoquant avec d'autres une difficulté, elle devient plus supportable en étant reconnue comme humaine. Montrer donne plus de force que dissimuler.

Ce que je sais c'est qu'en ouvrant quelque chose chez moi je permets un pont différent avec l'autre, que c'est sans doute ça qui est avant tout thérapeutique.

Ce que je sais c'est qu'il y a des espaces communs élargis, que la conscience, l'amour sans doute, est en partage.

Je sais aussi que, si on le veut bien, il y a de nombreux moments où on ne sait plus qui est le thérapeute et qui est le patient et que nous sommes seulement deux êtres humains face à face ou plutôt côte à côte.

Quelques jours avant notre séance Valérie a pu évoquer à nouveau avec sa mère son enfance et les abus qu'elle a subis. Rien que de l'écrire j'en suis à nouveau ému.

Et vous ? En quoi ça vous concerne ?

Interdépendants, reliés… nous serions, comme les cellules d'un corps, tous d'infimes parties interconnectées d'un ensemble qui nous dépasserait et que nous constituerions ?

Peut-être que la douceur que vous vous accordez est contagieuse ? Peut-être que vos actes, vos pensées ont des effets au-delà de vous.

Regardez y bien… que voyez-vous… où sont les réelles limites ?

DES OUTILS SUR LE CHEMIN DE LA DOUCEUR

Nous voulons bien entendu des recettes parce que nous avons tant de mal à simplement accueillir, que nous voulons encore être plus, mieux, différents. Mais la recette, la seule au fond pour connaître la paix c'est précisément d'accueillir.

L'ensemble de ce que vous avez lu jusque-là constitue un premier pas sur le chemin de la douceur. Je l'ai dit, répété, l'endroit du soin c'est là où la difficulté réapparaît, là où le passé revient en écho, là où l'on déborde émotionnellement sans distance, là où nous vivons des boucles qui semblent infinies. C'est là que nous avons à nous prendre totalement et chaleureusement, avec le moins de jugement possible.

Nous allons nous retrouver convoqués à nos schémas relationnels, à cette blessure de ne pas nous être sentis assez aimés. Nous allons y revenir parce que la vie nous y ramènera et que nous allons interpréter tout à l'aune de cette douleur particulière qui est la nôtre.

C'est là que l'on peut opposer de la douceur et réagir autrement parce que l'on aura vu et que l'on se sera laissé une marge de manœuvre, un temps de bifurcation dans cette douceur qui freine la réaction. C'est comme ça que l'on gagne en liberté dans les situations vécues et que l'on soigne la blessure initiale en même temps. Cela suffit. Poser une main chaleureuse sur notre épaule suffit.

Certains diront que la vie nous enseigne des leçons, que nous sommes appelés à régler nos névroses, que l'Univers ou notre inconscient nous ressert les mêmes situations tant que nous ne les avons pas réglées. D'autres diront que nos interprétations et nos comportements créeront ces situations. Qui peut le savoir ?

Peu importe puisque de toute façon on peut se saisir de ces redites pour élargir nos réponses possibles, améliorer la relation que nous avons avec nous-mêmes et réparer les blessures enfantines, tout cela dans un seul mouvement.

Chaque fois qu'un moment difficile apparaît c'est une occasion pour ça. En tout cas, nous pouvons en faire cette occasion, bien entendu en ayant le droit d'échouer, bien entendu en ayant le droit d'y retourner encore. Chaque moment douloureux nous montre là où nous ne nous aimons pas encore assez et crée un espace pour le faire. Chaque moment douloureux est donc une occasion merveilleuse de libération.

La souffrance pointe exactement au bon endroit, toujours, et c'est un cadeau qu'elle nous fait. L'autre, celui avec lequel c'est le plus difficile, nous offre l'occasion répétée de faire autrement, cette fois-ci ou la suivante, pour gagner en liberté justement là où nous en manquons. Et le chemin est toujours de s'aimer là.

Il n'y a donc pas de recette miracle si ce n'est de s'aimer toujours un peu plus mais voici quand même quelques directions pratiques, quelques chemins à emprunter pour se sentir mieux…

Voir

Dans ce processus, voir est le premier pas. Il nous faut voir là où nous sommes emmenés. Pour cela on peut être attentif à ce qui nous embarque, nous active mais on peut aussi retourner à l'origine, à ce qui nous a fait souffrir, parce que c'est la même chose que l'on va trouver. C'est le schéma enfantin, familial, nous l'avons vu, qui se rejoue sans cesse. Ce sont les relations, toujours, qui font notre souffrance et notre bien-être.

Dans un cheminement thérapeutique on peut s'intéresser à l'actuel, à ce qui est vécu et qui frotte, fait mal, maintenant dans les relations. On peut aussi retourner à l'enfance et aux blessures et aux atouts qui s'y nichent parce que c'est comme ça que l'on comprend les redites actuelles. Il y a juste à voir les endroits où nous sommes conviés souvent, les conflits récurrents, les sensations désagréables qui se répètent, les places où nous nous retrouvons encore et encore.

Mais que l'on s'attache à comprendre et adoucir le passé ou le présent c'est le même travail et l'un nourrit l'autre.

Que l'on regarde l'actuel en se déculpabilisant soigne et libère le passé. Que l'on accueille avec chaleur le vécu enfantin nous libère dans les relations d'aujourd'hui puisque notre réactivité et nos interprétations se relâchent.

Sans doute savez-vous déjà où se trouvent votre fragilité et sa couleur. Peut-être vous êtes-vous reconnus dans certaines séances que je vous ai racontées plus tôt. Sûrement savez-vous déjà où se niche votre sensibilité et là où vous manquez de liberté et où vous accusez le monde ou les autres de toujours vous faire vivre ce que vous vivez.

Pour ce qui est du terreau de l'enfance si ça n'est pas si clair ou si vous voulez y retourner, préciser un peu plus votre conditionnement vous pouvez vous poser quelques questions simples qui vont montrer votre construction, ce que vous avez vécu, comment vous y avez réagi et ce qui va donc se répéter ensuite et qui vous rattrape sans cesse.

Allons-y… c'est très concret.

Quel genre d'homme est votre père ? Comment le décririez-vous ? Quel message a-t-il passé sur ce qui est important, central dans la vie ? Quelles valeurs portait-il ? Et lui comment vous décrirait-il, que dirait-il de vous ?

Et votre mère ? Quel genre de femme est-elle ? Quelle personnalité a-t-elle ? Qu'est-ce qui était important d'après elle ? Et, à son tour, que dirait-elle de vous ?

Et si vous avez des frères et sœurs, quelle place avez-vous respectivement occupée ? Quels ont été les enjeux de rivalité entre vous ? Quels rôles ont-ils incarnés dans la famille, dans le regard des parents ?

Et vous dans ce regard parental ? Quelles attentes avez-vous remplies ? Sur lesquelles étiez-vous à côté ?

De ces quelques questions vont émerger les attentes et vos réactions à ces attentes autrement dit vont émerger la conditionnalité de l'amour qui vous a été donné et votre réaction à cette conditionnalité, autrement dit encore va émerger votre schéma relationnel, celui-là même qui vous enferme.

Peut-être avez-vous répondu à ces attentes. Peut-être que vous vous y êtes enfermé. Ou peut-être y avez-vous répondu tout en vous sentant limité par elles, en lutte à l'intérieur.

Peut-être que quand vous êtes tenté d'être autre chose que ces attendus familiaux un sentiment de culpabilité monte. Peut-être encore que vous accusez votre famille de ne pas vous laisser être qui vous voulez alors même que c'est vous qui ne pouvez pas prendre le risque de vous sentir moins aimé.

Peut-être, au contraire, n'avez-vous pas répondu aux attentes. Peut-être vous sentez-vous alors insuffisant, toujours pris à défaut. Ou alors vous avez pris le contrepied et il vous faut toujours, comme par réflexe, prendre ce chemin opposé.

Peut-être que vous êtes en colère, triste. Peut-être que vous essayez à toute force de toujours correspondre et que vous êtes prêt à réagir ou à vous effondrer à la moindre critique.

Peut-être que vous ne pouvez pas demander de l'aide ou au contraire que vous vous sentez incapable seul. Ou même il vous faut demander de l'aide et la disqualifier ensuite.

Peut-être qu'il vous faut toujours pardonner quitte à nourrir de la rancœur ou au contraire que vous positionner est pour vous la valeur suprême.

Tout est possible. Tout est possible et tout s'est construit là, avec et contre. « Tout comme » ou « tout à l'opposé » ce qui revient au même et, entre les deux, on trouvera des variables infinies dans ce mélange d'hérédité et de création que vous êtes.

Très vite vous avez perçu ce qu'il fallait faire pour être aimé, ce qui ne fonctionnait pas, là où vous étiez en difficulté ou en réaction mais, enfant, vous ne pouviez pas dire à vos parents votre inconfort, définir vos priorités, demander, prendre acte de ce qui était possible et agir en fonction de cela.

Vos réactions, ces réactions conditionnées, vous les revivez aujourd'hui. Ce sont comme autant de traumas qui mènent aux mêmes solutions de fuite, d'agressivité ou de sidération. Vous les transposez partout ou presque, partout où il y a un enjeu affectif.

Pourtant aujourd'hui vous pouvez revivre et redécider, appliquer de la douceur, suspendre votre réaction ou revenir en arrière. La plupart du temps vous échouerez et c'est tout sauf un problème parce que, la prochaine fois, ce sera sans doute un peu plus facile, vous serez parti un peu moins loin, un peu moins fort. Nous l'avons vu, c'est un jardinage exigeant et cela demande de la patience, des pauses, des siestes, des retours en arrière, des ras-le-bol. Tout est bienvenu.

Aller chercher l'enfant là où il a souffert

Il est donc toujours question de l'enfant que nous étions, c'est l'enfant qui a vacillé. C'est toujours l'enfant que l'on soigne. Il a vacillé là où la souffrance l'a cueilli. Chaque fois que nous revisitons ces boucles, c'est comme s'il était là, apeuré et en colère face au manque d'amour. C'est sa réaction qui revient.

Alors nous pouvons bien sûr accueillir ce qui vient quand l'occasion se présente mais nous pouvons aussi, maintenant, tout à l'heure et autant de fois que nous en aurons besoin, prendre un instant et aller chercher cet enfant qui est en fait juste là, tout proche. C'est comme une sorte d'exercice de tendresse et de consolation.

Prenons quelques instants. Fermons les yeux. Offrons-nous quelques respirations en conscience et voyageons vers notre enfance. Laissons venir les images. Partons à la rencontre de cet enfant. Laissons-le venir doucement pour le rencontrer depuis l'adulte que l'on est devenu.

Peut-être a-t-il été meurtri, blessé il y a longtemps. Sans doute a-t-il peur. Alors rencontrons le là, là où il a eu mal, et approchons-le avec précaution. Il n'y a pas de risque à ça. C'est l'adulte d'aujourd'hui qui y va.

Laissons s'installer un décor, des couleurs, peut-être des odeurs, des sensations. Prenons le temps. Regardons-le avec tendresse.

Quand il est là, au temps de ses blessures, que nous le sentons proche, inquiet sûrement, nous pouvons lui parler avec gentillesse.

Nous pouvons nous approcher encore avec précaution, le prendre par la main doucement, lui garantir que rien n'est un problème, que tout est OK parce que nous pouvons tout traverser, lui dire qu'on sera là de toute façon.

Nous pouvons, depuis nous maintenant, nous adresser à lui. Nous pouvons vraiment le rassurer parce que nous savons que nous avons escaladé ces montagnes tant bien que mal. Lui ne le sait pas.

Nous pouvons lui assurer que ça va aller sans que ce soit des paroles en l'air. Nous sommes sûrs, renseignés, puisque nous sommes là aujourd'hui, après.

Et peut-être que ça n'est pas que symbolique. Peut-être que nous pouvons vraiment lui parler. Peut-être qu'il peut vraiment nous entendre.

Peut-être que quand nous l'aurons rassuré nous serons alors un adulte différent aujourd'hui puisque nous serons maintenant issus d'un enfant à qui quelqu'un a tendu une main compréhensive, à qui quelqu'un a prononcé des paroles réconfortantes.

Peut-être que notre imaginaire agit vraiment, qu'il manie du réel. Peut-être que nous pouvons vraiment revenir nous chercher au moment où l'insouciance s'en est allée et ne pas nous laisser derrière parce que l'adulte a à faire et qu'il doit avancer sans s'apitoyer.

Vous pouvez, juste maintenant, fermer les yeux et sentir cet enfant-là. Vous pouvez le laisser venir et puis lui murmurer des mots qui apaisent, l'encourager doucement, sans pression, sans menace, avec une infinie douceur. Et puis, quand il sera consolé, vous le retrouverez dans ce qu'il a de léger, d'insouciant, de joyeusement libre.

Prenez quelques minutes, quelques secondes. Prenez un instant, c'est de vous qu'il s'agit, vous en valez la peine.

Essayez. Essayez de vous adresser tendrement à cet enfant ou à celui ou celle que vous étiez quand vous avez souffert.

En le rassurant, en le ramenant là, vous lui laissez la possibilité d'exister et de vous ouvrir au monde, de parfois prendre les commandes et de retrouver en vous ce qu'il sait si bien faire : explorer, jouer, sauter dans les flaques, danser et en rire.

Se traiter comme si...

Pour accueillir, traiter avec douceur ce qui est là, dire oui tendrement il nous faut nous sentir suffisant, légitime. Pour ouvrir un espace de choix, via cette douceur, entre ce qui advient et notre réaction, nous avons besoin d'une relation de qualité avec nous-mêmes.

Notons au passage encore une fois que c'est souvent d'abord bien après que la réaction est lancée que nous nous rendons compte qu'elle est partie. C'est seulement petit à petit que nous pourrons la voir plus vite jusqu'à peut-être pouvoir un jour, la prochaine fois, trouver une respiration et un autre choix avant que nous ayons encore une fois réagi.

En réalité, il faut sans doute une bonne relation avec soi, une relation aimante, pour ne pas juger ce que nous ressentons, pour le laisser être mais le fait de ne pas nous juger et d'accueillir améliore précisément ce lien que nous entretenons avec nous-mêmes.

Le problème c'est que nous voudrions nous aimer comme ça, suite à une décision ou après un travail de thérapie dont nous ne savons pas ce qu'il serait. C'est la même chose pour la confiance en soi. Nous voudrions augmenter notre confiance en nous et après nous ferions tout un tas de choses formidables.

Nous allons donc voir des thérapeutes pour qu'ils nous apprennent à nous aimer et à avoir confiance en nous après quoi nous changerons nos comportements.

Malheureusement on ne peut pas améliorer la relation avec nous-mêmes et notre confiance de manière abstraite, hors sol, sans se frotter à la vie.

En fait, c'est en se traitant comme si nous nous aimions que l'on s'aime petit à petit et c'est en faisant ce qui nous fait peur en ayant peur qu'on gagne en confiance. Il nous faut faire « comme si » et c'est de là que viendra le changement.

Il n'y aura pas un moment où vous aurez enfin confiance en vous et où vous ferez donc ce qui vous fait envie et peur pour l'instant. Que feriez-vous si vous n'aviez pas peur ? Quel risque prendriez-vous ? Faites-le, faites-le en ayant peur, avec la peur qui serait comme une amie. La peur peut ne pas être agréable mais elle n'est pas dangereuse. C'est en y allant en ayant peur que vous gagnerez en confiance. Rien ne change si on ne change rien… encore, toujours, avec le droit d'échouer, de revenir en arrière, de repartir.

Et puis que feriez-vous si vous vous traitiez avec douceur, compassion, amour ? Que feriez-vous maintenant que vous ne vous accordez pas d'habitude ? Comment prendriez-vous soin de vous ? Si vous étiez en charge de vous-même comme on peut l'être de quelqu'un d'autre, d'un enfant, que feriez-vous ? Si vous vous aimiez que vous offririez-vous ? Où iriez-vous ? Que mangeriez-vous ? Qui iriez-vous voir ? Quelle décision prendriez-vous ? C'est en le faisant que vous nourrirez de l'amour pour vous.

En vous aimant vous pourrez prendre des risques parce que le seul risque c'est l'échec et que lorsque l'on s'aime suffisamment il n'est pas un problème. Il est même encore une occasion de se traiter avec gentillesse et bienveillance. Alors tout devient possible.

Dans ce va-et-vient qui est celui d'un parent aimant qui accompagne l'élan et la peur avec amour tout, vraiment, est possible. Puisque ceux qui nous ont élevés ne pouvaient pas nous donner cet amour qui soutient autant que nous en aurions eu besoin, y compris quand ils étaient bienveillants et concernés, nous pouvons tendre à nous le donner nous-mêmes. Là encore, ne nous en demandons pas trop au risque de nous en vouloir, faisons des petits pas chaque fois que nous le pouvons.

Se montrer

Notre plus grande difficulté gît sans doute dans le regard que nous portons sur nous, dans sa violence née de cet amour imparfait. Il est plein de jugements qui nous mènent à contrôler ce qui pourrait échapper et qui sourd dessous, ce qui d'après nous ne devrait pas être vu, ne devrait même pas exister.

C'est pour ça que nous cherchons à contenir nos émotions, parce qu'elles dévoilent ce que nous voudrions cacher. C'est aussi pour ça que nous gardons pour nous beaucoup de ce qui nous habite, nous envahit, parce qu'il nous semble que c'est inadapté, un peu honteux, quand ce n'est pas bizarre ou mauvais.

Parfois, on accepte de parler à un thérapeute parce que notre tristesse, notre colère, nos pensées deviennent trop douloureuses. On imagine que seul un professionnel peut entendre ce que nous sommes sans nous juger. Il mérite même un salaire pour ça.

On voit des psys pour qu'ils nous accueillent dans la confidentialité de leurs cabinets, qu'ils nous réparent et nous rendent acceptables pour qu'ensuite on puisse aller se montrer aux autres. On y fait l'expérience de s'appuyer sur leur regard pour modifier le nôtre.

Mais on peut donc aussi se dévoiler aux autres et y vivre qu'il n'y avait rien à cacher. C'est là qu'est la puissance du groupe thérapeutique, de la relation, c'est aussi là qu'elle nous fait peur et plus elle nous fait peur plus elle est efficace. C'est là aussi qu'est la puissance, tout simplement, du partage.

Quand on accepte de se montrer dans un groupe ou à un autre, à d'autres, on se rend compte que ce qui nous paraît inacceptable est accepté mais en plus, de bien des manières, partagé, commun à tous. Alors on peut effectivement s'appuyer sur le regard des autres et intérioriser quelque chose de plus doux avec lequel on repart.

On y vit, en fait, une expérience correctrice d'attachement. Il n'y a plus à être réparé pour être normal et ça c'est fondamentalement réparateur.

J'en suis venu à penser que partager notre humanité, notre humanité avec tout dedans, est le levier le plus puissant dans ces transformations impressionnantes que permettent les groupes. Au début de chaque stage que j'anime je dis « Prenez des risques, sautez là où les flammes sont les plus hautes, c'est ce qui vous apportera le plus ». Ce que je dis en fait c'est « Montrez-vous ».

Partager suppose d'abord d'accepter pour nous-mêmes. Puis, dans le mouvement de nous montrer, la honte d'être soi se dissout.

La qualité de connexion avec les autres qu'on y vit par l'authenticité est un mode d'emploi pour le reste de nos vies.

Nous sommes terrorisés à l'idée d'être vus parce que nous sommes persuadés que, s'il nous voit, l'autre va fuir. C'est l'inverse qui se passe. Et, au passage, se voir, accepter ce que l'on voit et se montrer nous offrent un immense soulagement et rien de moins que la liberté.

Se Bercer

Chaque retour d'une situation douloureuse est donc une occasion parfaite, juste au bon endroit, celui du retour précis de nos blessures, de nous aimer un peu plus là où nous sommes le plus fragiles. Nous pouvons partir d'abord de trois principes simples :

Les réactions que nous avons, qu'elles soient émotionnelles ou comportementales dans ces moments-là ne sont pas des choix que nous faisons librement. Personne ne fait exprès de réagir de manière inadéquate, pour être désagréable pour les autres ou poser des problèmes. Nous sommes emportés malgré nous.

Non seulement nous ne faisons pas exprès mais ça ne vient pas de nulle part. C'est une réaction attendue, légitime, logique à ces blessures de l'enfance. Il y a une explication à ça, il n'est pas question d'un dysfonctionnement qui serait là chez nous, d'un vice de fabrication ou d'une insuffisance mais d'une série d'expériences vécues qui mènent à des réactions.

Enfin, et c'est important, c'est réellement difficile et douloureux.

À partir de là on peut accueillir notre vécu et essayer de nous aimer justement à cet endroit-là, de nous aimer blessés, irascibles, hystériques, agressifs, pointilleux, fuyants. Tout ça, ce ne sont que des réactions. Plus la situation est douloureuse, plus il s'agit du cœur même de nos souffrances, plus s'aimer va être thérapeutique.

Nous l'avons vu nous pouvons aller à la rencontre de l'enfant blessé que nous étions mais nous pouvons aussi prendre dans nos bras les adultes qui tentent de donner le change que nous sommes devenus.

Alors imaginons que nous sommes mal. Nous sommes anxieux, déprimés, en colère, ce que nous venons de dire ou de faire était inapproprié ou bien ce qu'on nous a dit nous touche, ou encore la peur nous envahit. Ce que l'on peut faire c'est d'abord nous trouver un endroit tranquille, fermer les yeux, détendre ce que nous pouvons détendre et passer quelques instants sur la conscience de notre respiration.

Ensuite on peut sentir là où cette réaction émotionnelle douloureuse se situe dans le corps et s'en approcher avec une extrême délicatesse, la regarder sans essayer de la supprimer mais plutôt de l'embrasser. Cette sensation douloureuse est la bienvenue, de toute façon elle est déjà là. C'est un bout de nous alors vouloir s'en débarrasser c'est vouloir se débarrasser de nous.

Au contraire on peut l'observer avec chaleur et puis peut-être poser une main sur notre poitrine, sur notre cœur et sentir la chaleur qui irradie de notre main à notre poitrine.

Et puis toujours les yeux fermés, la main sur la poitrine, on peut trouver comme un léger balancement, presque imperceptible une manière de nous bercer comme on console un enfant, de nous bercer doucement comme dans une étreinte, dans des bras chaleureux où tout est acceptable, où on peut se laisser aller à pleurer peut-être.

Et puis se consoler doucement, dans ce balancement doux, avec tendresse, dans cette étreinte où tout est le bienvenu jusqu'à, peut-être, laisser fondre notre douleur dans cet amour chaleureux.

Berçons-nous tout doucement, longuement, laissons-nous aller, relâchons-nous dans cette chaleur que nous nous donnons, prenons tout le temps nécessaire. Encore. Encore.

On peut le faire aussi longtemps que cela reste vivant, aidant, agréable et ensuite, seulement après avoir pris tout le temps nécessaire, on peut s'étirer, bâiller, se masser avant de rouvrir les yeux.

Ce petit exercice peut être fait aussi souvent que nécessaire avec l'idée que plus on a eu mal plus on aura besoin de longues et répétées consolations. C'est ce dont nous avons le plus besoin, d'un amour compréhensif et chaleureux qui nous embrasse tendrement pour que nous puissions nous laisser aller à cet immense besoin de consolation que nous avons tous.

Méditer

Toutes les pratiques sont bonnes puisqu'elles nous indiquent le lieu où nous poser, ce à quoi nous identifier, **là où la paix est totale**. Il s'agit de s'identifier à l'observateur, à la conscience, et non plus à ce qui est observé. Ce n'est pas l'objet de ce petit livre qui se contente d'effleurer l'idée et vous trouverez d'innombrables lectures fascinantes sur le sujet. Préférez si vous pouvez la pratique à la lecture et, si vous devez lire, préférez si vous pouvez la lecture de sages authentiques.

CONCLUSION ?

Évidemment on ne peut pas vraiment conclure. Il reste ici une envie de vous parler, de discuter des élans, des freins, de se rencontrer, de rajouter des choses… mais il faut bien finir. Ce que je peux faire c'est redire, au bout de cette conversation, redire ce qu'il en est de ce chemin de la douceur que je vous propose chaleureusement.

Ce que nous avons principalement à faire, je le dis une dernière fois, c'est de nous regarder avec gentillesse dans tout, avec un regard aimant, soutenant, compréhensif, de nous déculpabiliser, de nous prendre là où nous sommes et pas là où nous devrions être d'après nous et d'amener là de l'amour pour nous.

Nous avons à devenir ce gentil grand frère, cette sœur soutenante pour nous-mêmes, cet ami qui nous accueille et nous valide, qui est de notre côté, ce parent presque inconditionnel. La qualité de la relation que l'on construit avec soi-même fait le compagnonnage que l'on a dans nos vies. C'est un compagnonnage, concret, réel, permanent, c'est ce qui colore tout. La relation que nous entretenons avec nous fait rien de moins que tout.

Dans et avec cette chaleur il n'y a pas d'échappée, il nous faut accueillir notre fragilité. C'est en s'approchant de ces ombres qui nous inquiètent qu'elles se dissolvent. Il nous faut les retraverser avec de la douceur, pour nous et pour notre réaction. C'est de là que viendra la paix. Prendre, accepter, laisser être, permet le changement que nous nous efforçons en vain d'obtenir dans l'effort.

Plus encore, accepter complètement - c'est-à-dire en fait ne plus vouloir changer du tout, prendre tout avec de la compassion pour nous et montrer tout - change radicalement. C'est l'abandon de la lutte qui libère là où nous croyons dur comme fer que lâcher les armes nous fera courir à notre perte.

Nous ne serons en complète sécurité que lorsque nous prendrons tout de nous et serons prêts à le montrer, sans barricade pour cacher notre soif d'être aimé et nos stratégies pour avoir l'air grands et normaux. Alors seulement disparaîtra l'angoisse d'être vus tels que nous sommes. Faisons-nous le cadeau de notre vulnérabilité. N'oublions pas le chêne et le roseau.

Qui je suis ça va. Qui vous êtes ça va. Tout est bienvenu. Ce qui est là n'aurait pas pu ne pas l'être et vous allez le traverser comme vous avez toujours tout traversé. Bien sûr nous sommes fragiles. Vous êtes forts et fragiles, et alors ?

La tendresse et une infinie douceur sont le seul chemin. Je vous le dis encore à vous mais je me le dis, encore une fois, à moi. Et puis se donner de la douceur permet d'en donner aux autres et en donner aux autres nous aide à nous en donner.

Si nous sommes effectivement tous reliés alors ce que nous faisons à un autre nous le faisons à nous et ce que nous nous faisons nous le faisons à tous. Et alors, peut-être que pas à pas nous changeons le monde en empruntant ce chemin.

Que serait un monde plus doux où la vulnérabilité ne serait plus une faiblesse et où l'autre ne serait pas, de prime abord, un danger, le bras armé potentiel de la réactivation de nos traumas, ou un moyen pour exister ?

Tout, absolument tout, est dans la dureté que nous avons envers nous. Tout est dans la douceur, l'amour tout simplement - même si ce mot est sans doute peu employé par les psys - que l'on pourrait s'accorder. Et si les psys l'osaient et si nous l'osions tous ? Il y a dans l'amour une clarté et une chaleur qui ne peuvent qu'être thérapeutiques.

Peut-être pouvons-nous, pour nous, pour les autres, pour le monde, revenir sans cesse d'abord là autant que nous pouvons, avec le droit toujours de ne pas y arriver. Peut-être pouvons-nous sans cesse revenir à la douceur et à l'amour.

« Oh, jour ! Lève-toi… les atomes dansent,
Les âmes éperdues d'extase dansent,
La voûte céleste, berceau de l'Être, danse.
Je te dirai au creux de l'oreille où te conduit ta danse.
Comprends-tu bien que tous les atomes, de l'air ou du désert,
Sont amoureux, tout comme nous ?
Et chacun d'entre eux, heureux ou misérable,
Est émerveillé par l'éclat de cette âme inconditionnelle. »

Rumi